Elise Henle Levi

Durch die Intendanz

Original Lustspiel in fünf Akten

Elise Henle Levi

Durch die Intendanz
Original Lustspiel in fünf Akten

ISBN/EAN: 9783744601214

Hergestellt in Europa, USA, Kanada, Australien, Japan

Cover: Foto ©Thomas Meinert / pixelio.de

Weitere Bücher finden Sie auf **www.hansebooks.com**

Preislustspiel.

Durch die Intendanz.

Original-Lustspiel in fünf Akten

von

E. Henle.

Motto:
Ein hoher Preis an Geld und
auch an Ehre,
Oh daß er höher noch und mein
schon wäre.

Am Stadttheater zu Wien mit dem ersten Preise prämiirt den 31. October 1877.

(Den Bühnen gegenüber Manuscript.)

Die Verfügung über das Aufführungsrecht ist der Agentur der Genossenschaft dramat. Autoren und Componisten zu Leipzig übertragen. Das Reproductions- und Uebersetzungsrecht ist vorbehalten.

Leipzig.
Druck von Oswald Mutze.
1877.

Personen.

Freiherr v. Huhn, Commerzienrath.
Freifrau v. Huhn, seine Gemahlin.
Marie ⎱
Hedwig ⎰ beider Töchter.
Hans Waldau.
Baron Rotteck, Adjutant des Prinzen Leopold von . . . .
Geheimrath v. Goeben, Großherz. Hoftheater-Intendant.
Herr v. Leonroth, Oberregisseur.
Strohberger, Journalist.
Joseph, Diener im Hause des Commerzienraths.
Ein Briefträger.
Choristen. Choristinnen. Hofmusiker.

Ort der Handlung: eine kleine Residenzstadt.

Zeit: Gegenwart.

Erster Akt.

(Corridor im Innern des Theaters mit einer Mittelthür, über welcher in großen Lettern geschrieben: „Großherzogliche Hoftheater-Intendanz." Zwei Seitenthüren, eine rechts, eine links.)

Erster Auftritt.

Zwei Frauenzimmer und vier Herren, theils elegant, theils ärmlich gekleidet, stehen, oder gehen auf und ab. Während der folgenden Scene treten dieselben, wenn sich die Mittelthüre öffnet, um jemand heraus zu lassen, in dieselbe abwechselnd ein, theils niedergeschlagen, theils befriedigt nach einiger Zeit wieder heraus- und durch die Coulisse links abgehend. Musiker mit Instrument treten durch die Coulisse links über die Bühne durch die Coulisse rechts ab.

Waldau
(geht im Vordergrunde auf und ab, seine Uhr ziehend).

Halb elf Uhr und noch — eins, zwei, drei, vier, fünf sechs Sollicitanten, welche das Recht haben vor mir einzutreten. (Pfeift leise vor sich hin, nach kurzer Pause singt er für sich aus Johann von Paris.)

Ha welche Lust Autor zu sein, ha welche Lust Autor zu sein! (Pfeift leise weiter und lehnt sich mit verschränkten Armen an die Thüre rechts.)

Ob wohl unter diesen Herren ein College von mir, ein obscurer Schriftsteller wie ich? Vielleicht der dort mit der langen Mähne. Nein das ist, wenn mich meine phrenologischen Studien nicht täuschen, ein Musiker, vermuthlich ein Zukunftsmusiker, denn vorerst sieht er noch sehr armselig aus. — Und der quarirte junge Mann sieht aus wie ein Ballet=Tänzer, denn wenn er es nicht ist, hat er seinen Beruf verfehlt, diese ätherischen Beine sind dazu geschaffen, Triller in der Luft zu schlagen. Der dicke alte Herr — das ist ein Bassist, welcher sich eine Erkältung zugezogen, er nießte schon mehrmals bedenklich.

Chorist (nießt heftig).

Waldau.

Zur Genesung.

Chorist (in tiefstem Baß).

Ich danke.

Waldau (für sich).

Richtig, ein verschnupfter Bassist. (Geht ungeduldig auf und ab und zieht die Uhr.)

Drei Minuten über halb. Wie langsam die Zeit vergeht, oder ist meine Uhr steh'n geblieben? nein sie geht. (Lehnt sich an die Thüre links.) Wenn nur wenigstens eine von den beiden Damen jung oder hübsch wäre. Wie sie sich beim Lampenlicht in griechischem Costume ausnehmen das wissen die Götter, mir gefallen sie nicht. Ganz obscure Gestalten, man glaubt nicht in einem Musentempel zu sein. (Zieht seine Uhr) Sechs Minuten nach halb. Noch eins, zwei, drei, vier, fünf Vorleute. Gottlob, der Musiker ist abhanden gekommen. Soll ich noch länger warten, soll ich gehen? Nein gehen kann ich nicht, ich bin ja herbestellt. — Das ist recht amüsant. Doch wer kommt da! Eine reizende, elegante Dame. Die Scene verwandelt sich.

Zweiter Auftritt.

Die Vorigen. Marie elegant aber einfach gekleidet, kommt aus der Coulisse links und geht sichtbar unschlüßig durch die Coulisse rechts ab

Waldau (ihr nachsehend).

Eine Dame vom Theater. Sie geht zur Bühne? Nein sie kehrt wieder um, sie kommt hierher.

Dritter Auftritt.

Die Vorigen. *Marie aus der Coulisse rechts geht nach der Thüre links, an welcher sie vergebens klinkt, sie wendet sich nach der Thüre rechts.*

Waldau (den Hut ziehend).

Verzeihen Sie meine Dreistigkeit Fräulein, aber Sie sind, wie ich sehe, fremd und des Weges unkundig. Darf ich fragen wohin Sie zu gehen wünschen?

Marie (verlegen).

Ich — ich wollte zum Herrn Hoftheater-Intendanten.

Waldau
(nach der Aufschrift der Mittelthüre zeigend).

Hier ist seine Kanzlei; aber Sie werden lange warten müssen Fräulein, denn man kommt nach der Anciennetät vor und Sie sind die Jüngste Gekommene. Natürlich werde ich Ihnen den Vortritt lassen Fräulein, obgleich ich selbst schon anderthalb Stunden warte.

Marie.

Sie sind sehr gütig.

Waldau (für sich).

Welch reizende Erscheinung! Welch wunderbare Augen! Wie mädchenhaft schüchtern für eine Dame beim Theater. Soll ich sie ansprechen? Warum nicht, in Corridor des Hoftheaters darf man etwas kecker sein. (zu Marie, welche gleichfalls auf und ab geht.) Ich bedaure Fräulein, Ihnen keinen Stuhl anbieten zu können, allein die Intendanz denkt vermuthlich, die Künstler seien so gut gestellt, daß sie nur aufsässig würden, wenn man sie sitzen ließe. — In der That, es thut mir leid, daß Sie nicht ausruhen können.

Marie.

Sie sind sehr freundlich. Ich hatte nicht geglaubt so viele Leute zu treffen.

Waldau.

Es ist meistens so. Es sind eben gar viele Künstler beim Theater und diesen bleibt immer viel zu wünschen übrig. Fräulein beabsichtigen vermuthlich zu gastiren? (für sich) Die Frage ist eigentlich unverschämt, aber im Corridor des Hoftheaters!

Marie (verlegen).

Nein — ich — ich wollte allerdings versuche, ob —

Waldau.

Ah! Das ist entzückend! Da blüht uns ein Genuß, auf den ich mich jetzt schon freue und — verzeihen Sie meine Unbescheidenheit — in was werden wir Gelegenheit haben Sie zu bewundern? In der Oper, im Schauspiel oder — im Ballet?

Marie (für sich).

Mein Gott, wenn ich geahnt hätte, daß ich mich diesem aussetze. (Zu Waldau, bebend) Mein Herr! was veranlaßt Sie mich für eine Ballet-Tänzerin zu halten.

Waldau.

Die Grazie Ihrer Bewegungen.

Marie.

Oh, aber Sie täuschen sich, ich bin keine Ballet-Tänzerin, gewiß nicht.

Waldau.

Verzeihen Sie, ich habe die schlechte Gewohnheit, Menschen, die ich nicht kenne, in Classen einzutheilen.

Marie.

Und da halten Sie mich für eine Dame des Ballets, Sie sind in der That Menschenkenner.

Waldau (für sich).

Sie ist beleidigt. (Laut) Ihr Spott ist gerecht Fräulein, ich hätte an dem Metall Ihrer Stimme kennen sollen, daß Sie Sängerin sind.

Marie.

Sie täuschen sich abermals, ich bin keine Sängerin und auch keine Schauspielerin, wie Sie eben sagen wollten. Ich bin — (bricht plötzlich ab.) Sie sind mir fremd und ich weiß nicht weshalb ich Vertrauen zu Ihnen habe, je-

doch ich fürchte, ich könnte Sie anderwärts in guter Gesellschaft treffen — und dort ertrüge ich den Mangel an Achtung nicht, den Sie mir eben beweisen.
      Waldau (verlegen).
 Fräulein!
      Marie.
 Ja, Mangel an Achtung. Geben Sie zu, daß Sie niemals der Muth gehabt hätten mich überhaupt anzureden, noch weniger in dieser Weise, wenn Sie mich nicht für eine Dame vom Theater gehalten. So sage ich Ihnen denn, ich bin nicht beim Theater. Ich bin Dilettantin, aus guter Familie und bin hier — gegen den Willen meiner Eltern, um den Intendanten zu bitten, mein Talent für die Declamation, welches mir in Privatkreisen so viel Lob einträgt, zu prüfen und mich dann allerdings der Bühne zu widmen.
      Waldau.
 Also doch, das thut mir leid.
      Marie.
 Weshalb?
      Waldau.
 Sie sind so jung, so schön, so unschuldig.
      Marie.
 Und kann man beim Theater nicht unschuldig sein?
      Waldau (räuspert sich).
 Hm, es gibt Beispiele, — aber doch, Fräulein, doch lassen Sie sich rathen, kehren Sie um, gehen Sie nicht zur Bühne. Zwingen Sie denn die Verhältnisse dazu?
      Marie.
 Nein, im Gegentheil, es wird mich einen schweren Kampf kosten.
      Waldau.
 Und dafür wollen Sie kämpfen! Folgen Sie meinem Rathe Fräulein, kehren Sie um, Sie werden mir es eines Tages danken, daß ich Sie von dem dornenvollen Pfade abgelenkt habe. Was veranlaßt Sie zu diesem Schritte? Diesmal Fräulein hat meine Unbescheidenheit ihren Grund

in dem wärmsten Interesse. Was veranlaßt Sie, eine
Dame aus guter Familie, in guten Verhältnissen, Schau=
spielerin werden zu wollen, Sie, die Sie das Elend dieser
Stellung, die Sie zu erringen streben, dadurch illustriren,
daß Sie beleidigt sind, wenn man Sie für eine Dame vom
Theater hält. Was veranlaßt Sie?
Marie.
Es liegt so viel Güte in Ihrem uneigennützigen Be=
streben mich zurückzuhalten, daß ich Ihnen wohl vertrauen
möchte, aber Sie sind mir ganz fremd.
Waldau.
Mein Name ist Hans Waldau.
Marie.
Sie sind Hans Waldau, der Verfasser der Novelle
„Schritt für Schritt"?
Waldau.
Zu dienen. Kennen Sie meine Novelle?
Marie.
Ich habe sie gelesen mit Entzücken, mit Begeisterung
gelesen, jetzt kann ich offen mit Ihnen sprechen, jetzt will
ich Ihre Frage beantworten. Ihre Novelle war es, welche
mich veranlaßte zur Bühne zu gehen.
Waldau (mit komischem Entsetzen).
Heiliger Antonius!
Marie.
Wie schön haben Sie diese Minona geschildert, welche
den Beruf zur Kunst in sich fühlend, die Vorurtheile der
höheren Kreise Schritt für Schritt bewältigt und beweist,
daß die Künstlerin nicht weniger, nein mehr Achtung ver=
dient als Andre.
Waldau.
Fräulein, wenn Ihnen die Ruhe eines Dichters lieb
ist, dann verbrennen Sie die Novelle, deren Verfasser
verdient gleichfalls verbrannt zu werden, weil er so hirn=
verbranntes Zeug geschrieben. Hätte ich ahnen können,
daß dieser poetische Unsinn in die edle Seele eines jungen

Mädchens fiele, um dort Unheil anzustiften, ich hätte auf das Manuscript geschrieben „Vor Druck zu bewahren." Versprechen Sie mir Fräulein, diesem, — verzeihen Sie mir den Ausdruck, überspannten Entschlusse zu entsagen.

Marie.
Sie nennen es überspannt und Ihre Minona?

Waldau.
Ist ein phantastisches Wesen, eine Romanfigur. Diese ganze Novelle ist eine Erstlingsarbeit, deren ich mich jetzt doppelt schäme. Fräulein, versprechen Sie mir nicht da hinein zu gehen.
(Deutet auf die Kanzlei).
Versprechen Sie mir nicht zur Bühne zu gehen. Sollen diese seelenvollen Augen jedem beliebigen Schauspieler Liebe lügen, sollen diese rosigen Lippen von dem ersten besten Theatervater berührt werden dürfen. Versprechen Sie mir nicht da hinein zu geh'n?

Marie
(ihm die Hand reichend, welche er stürmisch küßt).
Ich verspreche es Ihnen.

Waldau.
Heute nicht und niemals?

Marie.
Niemals (lächelnd). Aber Sie selbst stehen doch im Begriff da hinein zu gehen?

Waldau.
Allerdings, indeß nicht um mich dem Schauspiel oder Ballet zu widmen. Ich habe ein Lustspiel geschrieben.

Marie.
Oh das ist gewiß entzückend.

Waldau.
Ich weiß nicht, es zieht sich einigermaßen in die Länge. Ich habe es nämlich schon vor vier Jahren eingereicht und weiß heute noch nicht ob es angenommen.

Marie.

Sie scherzen?

Waldau.

Wahrhaftig nicht. Interessirt es Sie, ein Stück aus der Theaterwelt zu hören und zu vernehmen, wie man einen obscuren Schriftsteller behandelt?

Marie.

Ja bitte erzählen Sie mir, es interessirt mich unendlich.

Waldau (sieht zurück).

Noch drei Sollicitanten! es könnte reichen. Also hören Sie zu, aber bitte haben Sie genau Acht auf die Daten, denn die sind das Piquanteste an der Sache: Es war einmal — das heißt es war im Jahr 1872, daß ich mein Lustspiel dem Herrn Intendanten überreichte.

Marie.

Wie heißt Ihr Lustspiel.

Waldau.

„Am Hofe zu Dessau." — Der Intendant schrieb, das Werk sei unendlich geistvoll, piquant und entschieden würdig der Bühne gewonnen zu werden, nur müsse der letzte Akt eine Aenderung erleiden. Begeistert von dem Lobe, angespornt von dem Ausspruch, „der Bühne gewonnen zu werden," überreichte ich das Werk mit verändertem letzten Akte schon nach wenig Wochen. Als das Jahr 72 zu Ende ging, ohne mir eine Entscheidung zu bringen, erlaubte ich mir den Herrn Intendanten an meine Wenigkeit und mein Lustspiel zu erinnern. — Der Intendant schrieb zu Beginn des Jahres 73, das Lustspiel habe sehr gewonnen, biete aber noch immer viel scenische Schwierigkeiten, ich solle ein anderes, kleineres einreichen.

Marie.

Hatten Sie denn ein solches?

Waldau.

Unbekannte Dichter haben immer Vorrath, ich reichte ein anderes ein. — Aber es langweilt Sie doch nicht?

Marie.

Im Gegentheil, es interessirt mich. Und wie heißt dies kleinere Lustspiel?

Waldau.

„Die Schlacht bei Leipzig." Der Intendant schrieb, das Opüschen sei reizend, voll Witz müsse jedoch der Neuzeit angepaßt werden. Das Jahr 13 sei durch das Jahr 70 überragt u. s. w.

Marie.

Und Sie hatten den Muth, die Geduld, auch dies umzuarbeiten?

Waldau.

Eine Dichter=Seele muß von Gutta=Percha sein, jeden Druck ertragen und immer elastisch bleiben. — Ich paßte das Stück der Neuzeit an, machte aus der „Schlacht bei Leipzig" „Die Schlacht bei Sedan." Das Lustspiel, obgleich für lebensfähig erklärt, schien gestorben zu sein. Ich hörte nichts mehr davon. Am Schlusse des Jahres 73 erlaubte ich mir den Intendanten an meine **beiden** Lustspiele und meine angenehme Existenz zu erinnern.

Marie.

Nun und die Antwort?

Waldau.

Ich erhielt die Schlacht bei Sedan zurück.

Marie.

Ah! aber das Andere ward angenommen?

Waldau (zuckt die Achseln).

So nahm ich an und wartete geduldig bis das Jahr 7

Marie.

Unmöglich!

Waldau.

Wahrhaftig. Am Schlusse des Jahres 7 erlaubte ich mir den Herrn Intendanten an mein Lustspiel und meine erbärmliche Existenz zu erinnern.

Marie.

Nun?

Waldau.
Ich erhielt keine Antwort.
Marie.
Und haben Sie nicht nochmals geschrieben?
Waldau.
Doch, etwa alle drei Monate, schließlich reclamirte ich nur noch mein Eigenthum.
Marie.
Nun?
Waldau.
Ich erhielt keine Antwort.
Marie.
Das ist empörend, impertinent.
Waldau.
So dacht ich auch. Am Schlusse des Jahres 74 —
Marie.
Sie scherzen?
Waldau.
Wahrhaftig nicht. Am Schlusse des Jahres 74 erlaubte ich mir einen Theatercoup. Ich schrieb dem Herrn Intendanten, da ich weder Antwort noch Lustspiel erhalten, nehme ich an, daß es ecceptirt sei und bitte um mein Honorar.
Marie.
Das war klug und ganz berechtigt. Nun weiter?
Waldau.
Zu Beginn des Jahres 75 schrieb mir der Herr Intendant, meine Annahme sei irrig, das Stück sei keineswegs acceptirt.
Marie.
Oh! Das ist stark!
Waldau (fährt fort).
Er habe es indeß nochmals gelesen, wenn ich die Mühe nicht scheue das Stück, welches unendlich geistvoll, nochmals umzuarbeiten, den ersten Akt lebhafter in der Färbung, das Ganze knapper in der Fassung zu machen

Wenn mir dies wirksam gelänge, dann könne man ja das Lustspiel aufführen lassen.
Marie.
In der That Herr Waldau, Ihr Geist muß von Gutta-Percha sein. Ich wäre unterlegen und bewundre Ihre Geduld.
Waldau.
Wie ich die Ihrige. Wollen Sie zu Ende hören?
Marie.
Gewiß gewiß. Sie haben es nochmals umgearbeitet?
Waldau.
Ich that es. Dem Werk haben diese wiederholten Umarbeitungen nicht geschadet, nur der Dichter litt darunter. In kurzer Zeit reichte ich es umgeändert und zugestutzt wieder ein. Das Jahr 75 ging zu Ende, ich hörte nichts —
Marie.
Sie übertreiben, Herr Waldau.
Waldau.
Wahrhaftig nicht. Wir sind jetzt im Jahre 76 und ich erlaube mir heute, den Herrn Intendanten an meine jammervolle Existenz und mein Lustspiel zu erinnern. Da haben Sie die Tragödie eines Lustspiel-Dichters.
Marie.
Das ist schändlich, unglaublich, und welch' erbärmliches Zeug wird inzwischen oft angenommen, nur weil der Verfasser eine Berühmtheit.
Waldau.
Ja sehen Sie wohl, deshalb sind die Erstlinge der Dichter oft besser als ihre späteren Werke, welche sie nicht umzuarbeiten gezwungen sind. Das ist wie mit dem Schatz im Weinberg. Uebrigens etwas tröstlicher sind meine Aussichten heute doch. Der Herr Intendant hat mich herbestellt.
Marie (sich umdrehend).
Und wie ich sehe, kommt jetzt die Reihe an Sie. Ich wünsche Ihnen von ganzem Herzen Glück, Herr Waldau. (Reicht Waldau die Hand, welche dieser küßt und hält).

Waldau.

Das habe ich heute schon gehabt. — Und Sie versprechen mir nochmals, feierlich Ihren Entschluß aufzugeben?

Marie (lächelnd).

Ich verspreche es feierlich. Nachdem ich gehört wie man Dichter behandelt, gesehen wie man Schauspielerinnen beurtheilt —

Waldau (bittend).

Fräulein!

Marie.

Bin ich von meiner Ueberspanntheit kurirt.

Waldau.

Fräulein, Sie zürnen mir?

Marie.

Gewiß nicht, ich bin Ihnen dankbar und ich hoffe Sie theilen mir das Resultat Ihrer Audienz mit.

Waldau (erfreut).

Sie erlauben mir Sie aufzusuchen?

Marie.

Meine Eltern werden sich freuen Sie kennen zu lernen. Auf Wiedersehen.

Waldau.

Auf Wiedersehen. (Marie grüßt mit einer Neigung des Kopfes und geht durch die Coulisse links ab).

Vierter Auftritt.

Waldau allein.

Waldau (Marie entzückt nachsehend).

Diese Augen, diese seelenvollen Augen! Dieser verständnißvolle Blick, wie sie meiner Erzählung lauschte! Ich erröthe, wenn ich daran denke, wie ich sie angesprochen — und ich darf sie wiedersehen! (Man hört in der Ferne eine Uhr schlagen). Zwölf Uhr! wie die Zeit verfliegt. (Nach

dem Publikum.) Kann ich nun wohl dort eintreten oder
ist noch jemand bei dem Intendanten? Ich habe nicht auf=
gepaßt, habe nichts gesehen als sie, nur sie. —

Fünfter Auftritt.

Waldau, v. Goeben aus der mittleren Thüre tretend, mit Hut
und Ueberzieher, schließt die Kanzlei ab.

Waldau.

Der Intendant! und im Begriffe auszugehen. Oh
weh! (Tritt v. Goeben entgegen.) Herr Geheimrath, ich
habe die Ehre mich vorzustellen.

v. Goeben (Waldau die Hand reichend).

Ah Waldau! es freut mich Sie zu sehen. Sie kommen
vermuthlich wegen Ihres Lustspiels?

Waldau.

Zu dienen, Herr Geheimrath hatten die Güte mich
herzubestellen.

v. Goeben.

Ja allerdings, allein ich bin gerade heute so sehr in
Anspruch genommen, es ist schon so spät. — Sie sind
vielleicht so freundlich ein anderes Mal vorzusprechen.

Waldau.

Herr Geheimerath, ich bin in dieser Angelegenheit
schon im Jahre 72 dagewesen.

v. Goeben.

Ich weiß, die Sache hat sich allerdings etwas in die
Länge gezogen.

Waldau.

Ja etwas.

v. Goeben.

Sie machen sich indessen keinen Begriff, wie viel auf
meinen Schultern ruht. Ich darf wohl selbst sagen, es
wird Wenige geben, welche wie ich so gewissenhaft sind,
alles nicht nur einmal, sondern zwei, drei Mal zu lesen,
ehe ich ein Urtheil fälle. Ich bin ja selbst einigermaßen

2

Poet und habe deshalb ein warmes Interesse für alle An=
fänger. Sie glauben vielleicht ich hätte Ihnen ein Unrecht
zugefügt, indem ich Ihnen die Umarbeitung Ihres Opus
zugemuthet. Ein Anderer hätte es Ihnen einfach zurück=
geschickt. Das that ich nicht, weil ich mich für Ihre
Arbeit interessirte, welche entschieden Talent verräth.

      Waldau (verbeugt sich).

Und darf ich fragen, welches Ihr End=Urtheil ist?

      v. Goeben.

Das Werkchen hat durch die Umarbeiten entschieden
gewonnen. Es ist knapper, der erste Akt äußerst anmuthig,
der zweite bedeutend, die Sprache superbe, das Versmaaß
tadellos.

      Waldau (verbeugt sich).

Und Ihre Entscheidung Herr Geheimerath?

      v. Goeben.

Daß es aber in Versen geschrieben, ist ein entschiedener
Mißgriff. Mir ist es unbegreiflich wie man ein ganzes
Lustspiel in Versen schreiben kann.

      Waldau.

Das begreife ich, Herr Geheimerath.

      v. Goeben.

Ein Lustspiel in Versen ist nach meinem Dafürhalten
nicht mehr zeitgemäß.

      Waldau.

Ich wußte nicht, daß Jamben der Mode unterworfen.
Und Ihre Entscheidung Herr Geheimerath?

      v. Goeben.

Ihr Lustspiel ist angenommen, ich hoffe es schon zum
Geburtstag Sr. Hoheit des Großherzogs aufführen zu
können.

      Waldau (jubelnd).

Mein Lustspiel ist angenommen. Oh ich habe so
lange auf diesen Ausspruch geharrt, daß ich mir vor=
komme wie der lange Israel, daß ich fürchte falsch gehört

zu haben. Mein Lustspiel ist angenommen. Wahr und wahrhaftig?

v. Goeben (reicht Waldau lächelnd die Hand).

Wahr und wahrhaftig, die Rollen sind bereits vertheilt und ich glaube, daß Sie einen großen Erfolg mit diesem Lustspiel machen werden, ich wünsche es Ihnen.

Waldau.

Herr Geheimerath, ich werde Ihre Güte niemals vergessen, aber obgleich Dichter, fehlen mir doch Worte meinen Dank auszusprechen.

v. Goeben.

Bitte, ich habe nur nach Recht und Gewissen gehandelt. Nun sorgen Sie aber Waldau, daß die Blätter ein wenig vorarbeiten. Wir haben hier die Presse stets gegen uns, mit consequenter Ungerechtigkeit tadelt sie alles, jede Novität schon im Voraus, statt wie anderwärts den artistischen Leiter in seinem Bestreben zu unterstützen. Wenn Sie noch irgend Wünsche bezüglich der Besetzung oder Inscenirung haben, so lassen Sie es mich wissen, für jetzt aber entschuldigen Sie mich, es ist sehr spät.

(Grüßt und entfernt sich durch die Coulisse links.)

Sechster Auftritt.

Waldau allein.

Waldau (jubelnd).

Mein Lustspiel ist angenommen! Endlich, endlich am Ziele meiner Wünsche, aus der Obscurität heraus, welche sich wie Blei an die Fersen des Dichters hängt. Jetzt hat es entrée an allen deutschen Bühnen. Wie das klingt, wenn man schreibt „Beifolgendes Lustspiel, welches an der Großherzoglichen Hofbühne mit großem Beifall aufgenommen ward." Bah, wenn solch ein obscurer Mensch etwas einsendet, dann lesen sie es gar nicht. — Wie aber soll ich die Blätter bearbeiten, in diesem Schwindel habe ich keine Uebung. Aber jetzt fort, fort, mein Heil in alle

Welt hinauszurufen. Ich möchte die ganze Welt um=
armen. (Geht nach der Coulisse links, laut singend aus Frei=
schütz.) „Victoria, Victoria, Victoria!"

Siebenter Auftritt.

Der Vorige. Strohberger.

Strohberger
(an welchem Waldau rasch vorüber will, sieht ihm nach).
Das ist ja wahrhaftig Waldau. (Ruft.) Waldau,
Waldau, was in des Kuckuks Namen haben Sie denn,
kennen Sie mich nicht! **Waldau.**
Strohberger! wenn es nicht Ihr Geist ist, aber der
kann es ja nicht sein? Sie gehen wohl zur Probe.

Strohberger.
Ja. Ich habe diesen Abend nicht Zeit die Vor=
stellung zu besuchen, und da ich die Kritik zu schreiben
habe —— **Waldau.**
Wie! können Sie eine Vorstellung kritisiren, welcher
Sie nicht beigewohnt?

Strohberger.
Natürlich. **Waldau.**
So war Ihre Kritik über Tell auch anticipando ge=
schrieben?

Strohberger.
Freilich, **Waldau.**
Aber Sie schrieben doch so ausführlich.

Strohberger.
Ausführlich und mit Verständniß. (Zieht ein Blatt
aus der Tasche und liest, selbstgefällig dazwischen lachend.) „Die
unverwüstliche Oper Tell machte auch heute wieder ein
volles Haus. Das Orchester executirte mit gewohnter
Meisterschaft, nur der mittlere Satz hätte etwas gemäßigter

— 21 —

in der Farbe gehalten werden dürfen." Das ist gut gesagt, nicht wahr? Wallbach sang das hohe C mit gewohnter Kraft, während Frau Garden=Bruck wieder einmal falsch intonirte." Scharf, scharf, he?

Waldau.

Wie aber können Sie das wissen, zugegeben, daß in der Probe die Sache sich so verhalten, das bedingt doch nicht?

Strohberger.

Was Probe! nach der Probe läßt sich gar nichts beurtheilen. Sie verstehen den Rummel nicht. Man hat so seine stereotype Form von Kunstkritiken, mit welcher man ad libitum abzuwechseln pflegt. Die Hauptsache sind die technischen Ausdrücke. Das imponirt den Lesern und den Rummel verstehe ich. (Lacht wohlgefällig.) Anerkannte Größen werden der Abwechslung halber und scheinbarer Gerechtigkeit wegen zuweilen leise getadelt; mittelmäßige zuweilen gelobt und obscure stets getadelt, das Gleiche gilt auf novellistischem Gebiet.

Waldau.

Das ist ja sehr tröstlich. Da ich noch unter die ganz Obscuren gehöre, so habe ich die schönsten Aussichten mein Lustspiel heruntergerissen zu sehen.

Strohberger.

Ihr Lustspiel? Haben Sie denn ein Lustspiel geschrieben? Und haben Sie Aussicht?

Waldau.

Der Herr Intendant hat mir eben mitgetheilt, daß es angenommen und wenn möglich schon zur Geburtsfeier Seiner Hoheit aufgeführt wird.

Strohberger (sein Notizbuch ziehend und schreibt).

Halt! Das ist mir ja sehr interessant. (Schreibt und spricht abwechselnd.) „Neuer Stern am literarischen Himmel, Novität, Geburtstag S. Hoheit." Nun, und wie hat sich der Intendant über Ihr Stück geäußert?

Waldau.

So lobend, daß es fast unbescheiden klingt, wenn ich es wiederhole. Das Lustspiel sei anmuthig, bedeutend, die Sprache superbe, voll von Geist u. s. w. u. s. w.

Strohberger (schreibt).

„Laut Ausspruch von Capacitäten vortrefflich, geistvoll, bedeutend." Wünschen Sie, daß etwas darüber geschrieben wird?

Waldau.

Der Herr Intendant meinte, dies wäre sehr gut, Sie würden mich zu Dank verpflichten. Das Werk steht zu Ihrer Verfügung.

Strohberger.

Um Gottes Willen verschonen Sie mich, ich lese systematisch keine Theater-Stücke und Novellen, wo nähme ich denn die Zeit her Kritiken zu schreiben; aber verlassen Sie sich darauf, die Sache wird gemacht. Ich verstehe den Rummel.

Waldau.

Sie sind sehr gütig, wenn ich Ihnen nur meinen Dank beweisen könnte.

Strohberger.

Oh bitte bitte. Sagen Sie einmal, wie heißt Ihr Lustspiel?

Waldau.

„Am Hofe zu Dessau."

Strohberger.

Famoser Titel, sehr viel versprechend. (Schreibt.) „Am Hofe zu Dessau." Und wie hieß die letzte Novelle, welche Sie uns eingesandt?

Waldau.

„Aus hohen Kreisen."

Strohberger.

„Famoser Titel." Schicken Sie sie uns.

Waldau.

Aber Sie haben mir dieselbe retournirt.

Strohberger.
Mangel an Raum, nichts weiter, jetzt können wir sie gebrauchen.
Waldau.
Sie steht mit Vergnügen zu Diensten. Darf ich fragen, wie viel Ihr Blatt an Honorar bezahlt?
Strohberger.
Honorar! Tschia, lieber Freund, da müssen Sie sich keine große Erwartungen machen. Etwa Mark 10, mehr legen wir nicht dafür an.
Waldau.
Mark 10 — für eine Novelle von diesem Umfange, so viel müssen Sie einem Copisten geben.
Strohberger.
Tschia, du lieber Gott! Der Novellen=Markt ist der Art übertragen, daß wir uns nur vor Sendungen zu wehren haben. Um diesen Preis haben wir Novellen von den größten Größen. Unser Blatt lebt von den Inseraten, der intelligente Theil ist Nebensache.
Waldau.
Wie die Intelligenz, so scheint es. Mark 10 — für eine Novelle!
Strohberger.
Sie verstehen den Rummel nicht, Waldau, lassen Sie sich rathen, geben Sie uns die Novelle. Unser Blatt ist das gelesenste in der Stadt, unsere Theaterkritiken sind maßgebend —
Waldau.
Ah! — ich verstehe. Sie sollen die Novelle haben.
Strohberger.
Bravo, das ist vernünftig. — Wir werden schon in unserm morgigen Blatte auf die bevorstehende Novität aufmerksam machen. Der Rummel will verstanden sein. Also Sie schicken die Novelle. Addio, addio.
(Durch die Coulisse rechts ab.)

Achter Auftritt.

Waldau allein.

Waldau (Strohberger nachsehend).

Heilige Kunst! und das sind deine Apostel! Das bringt den Dichter um seine Menschenwürde. Aber was will ich denn, mein Lustspiel ist angenommen und nun zu i h r, mein Heil zu verkünden. (Geht ein paar Schritte nach links und bleibt plötzlich stehen.) Zu ihr? Ja wie heißt sie denn, wo wohnt sie. Oh Waldau, und du bist Dichter! Du bildest dir ein Geist zu haben. Nein, du verstehst den Rummel nicht.

(Geht durch die Coulisse links ab.)

Der Vorhang fällt rasch.

Zweiter Akt.

(Vorzimmer im Hause des Commerzienraths mit zwei Mittelthüren und zwei Seitenthüren ~~rechts~~ / Elegant meublirt. Links ein Büffet, auf welchem Speisen, Confekt und Getränke aufgestellt. Rechts im Vordergrunde ein Ankleidespiegel. Die beiden Mittelthüren sind geöffnet und sieht man durch dieselben in hell erleuchtete Gesellschaftsräume. Man hört leise Tanzmusik, eine Lance.) *links*

Erster Auftritt.

Hedwig allein. Sie ist im Hausanzug, elegant, aber kindlich gekleidet, trägt die Zöpfe hängend.

Hedwig
(vorsichtig den Kopf durch die erste Seitenthüre links streckend).

Sie tanzen! Wenn ich nur wenigstens ein bischen zusehen könnte. Ich glaube es sind schon alle Gäste da. Nun kommt wohl niemand mehr. Mich haben sie scheint es ganz vergessen, nicht einmal Thee haben sie mir gebracht. (Tritt ein, sich umsehend, geht an's Büffet.) Wie appetitlich das aussieht. Sie tanzen und ich soll lernen. Trockene Studien sind nicht nach meinem Geschmack. (Nimmt ein Confekt vom Büffet, ißt und nähert sich der Mittelthüre rechts, in welche sie hineinsieht.) Delikat! Uh! Das ist brillant. Es ist etwas reizendes um einen Ball, wenn man erst selbst tanzen darf. Die Tanzstunde war mir der liebste Unterricht in der Pension, da habe ich doch immer gute Noten erhalten. (Essend.) Was tanzen sie denn? Lance. Aber die tanzen ja ganz falsch. (Kindlich lebhaft agirend und lachend) en avant deux — tour de main — Oh oh oh, schauderhaft, die können gar nichts. Ich würde mich schämen so zu tanzen!

En avant les dames, moulinet, compliment. (Lacht)
Oh war das ein Compliment! So ungracieuse und die Eine
wäre beinahe rückwärts hingefallen. Das macht man so.
(Macht ein graciöses Compliment.) Und vollends Marie,
was hat sie denn, sie paßt gar nicht auf. Vorwärts
Marie, en avant, tour de mains, schnell. Bah, die können
alle nichts. (Man hört nebenan einen Säbel klirren.)

Zweiter Auftritt.

Hedwig, gleich darauf **Rotteck.**

Rotteck (hinter der Scene).

Es wird wohl schon getanzt?

Hedwig (erschrocken auffahrend).

Es kommt jemand, ein Herr. (Springt in die erste
Seitenthüre links, durch welche sie aber verstohlens heraussieht.)

Rotteck
(tritt durch die zweite Seitenthüre links, langsam nach der Mittelthüre rechts gehend, durch welche er hineinsieht.)

Richtig sie tanzen schon. Da mag ich mich nicht
durchdrängen. (An seiner Kravatte richtend, nähert sich dem
Ankleidespiegel, vor welchem er Haare, Bart und Anzug mustert.
Mit einer Grimasse). An der Kravatte drückt etwas, weiß
der Teufel was der Johann gemacht, der Kerl wird alle
Tage dümmer.

Hedwig (für sich).

Wie sich der bewundert, wenn er sich nur nicht in
sein eigenes Bild verliebt. (Beugt sich lachend vor.)

Rotteck (für sich).

Teufel, welch reizender Mädchenkopf! Sie lacht mich
aus. Wenn ich mich jetzt umdrehe verschwindet sie. (Macht
ein Compliment gegen den Spiegel.) Reizend! diese schönen
Augen, die Zähne, entzückend.

Hedwig
(schlägt die Hände vor das Gesicht, um ihr Lachen zu verbergen).

Rotteck
(sich rasch umdrehend, springt geräuschlos auf sie zu, ihre Hände fassend und sie herumziehend).

Gefangen!
(Hedwig stößt einen leisen Schrei aus und sieht ihn halb erschrocken, halb lachend an.)
So Fräulein, Sie geruhen mich auszulachen und Sie glauben ich lasse mir das gefallen.

Hedwig.
Es war aber auch zu komisch. Doch bitte geben Sie mich frei.

Rotteck.
Wenn Sie ~~hereinkommen.~~ *hübsch das bleiben lassen*

Hedwig.
Ich soll ja nicht.

Rotteck.
Sie sollen nicht?

Hedwig (schüttelt mit dem Kopf).

Rotteck.
Und weshalb nicht?

Hedwig.
Weil ich das Unglück habe noch nicht siebzehn Jahre alt zu sein.

Rotteck.
Allerdings ein großes Unglück.

Hedwig.
Oh, aber in drei Monaten ist mein Geburtstag.

Rotteck.
Ich gratulire im Voraus. Und vor Ihrem Geburtstag sollen Sie nicht tanzen. Weshalb?

Hedwig.
Mama sagt ich sei zu jung.

Rotteck.
Zu jung! zum Tanz kann man zu alt sein, niemals zu jung. Das ist grausam, Unrecht von Ihrer Mama. Ich wette, es ist nicht eine einzige Dame in jenem Saal, so schön sie sein möge, welche so entzückend, so reizend

ist wie Sie, jedenfalls keine Einzige, mit der ich so gerne tanzen möchte als mit Ihnen.

Hedwig (lacht verlegen).

Ich möchte schon auch gerne mit Ihnen tanzen, aber ich bin eben noch nicht vorgestellt. Nebenbei gesagt, Sie sind mir ja auch noch nicht vorgestellt.

Rotteck (sich verbeugend).

„Lieutenant Baron Paul Alexander Theodor v. Rotteck auf Rottmannsdorf, Adjutant Sr. Hoheit des Prinzen Leopold."

Hedwig (verbeugt sich tief).

Sehr erfreut Ihre angenehme Bekanntschaft zu machen. (Lacht.) So sagt man doch in diesem Falle, nicht wahr?

Rotteck.

Nein Fräulein; wenn Sie mich nach Etiquette fragen. In diesem Falle verbeugt sich die Dame und sagt nichts. Vornehme Damen sind meistens nichtssagend. Doch nun erlauben Sie mir die Frage, mit wem habe ich die Ehre.

Hedwig (verbeugt sich schweigend)

Rotteck.

Wollen Sie es mir nicht sagen?

Hedwig
(verbeugt sich nochmals, den Finger auf den Mund legend).

Rotteck.

Was soll Das?

Hedwig.

Etiquette. In diesem Falle verbeugt sich die Dame und sagt nichts.

Rotteck.

Sie sind von einer reizenden Bosheit, aber sagen Sie mir, wer Sie sind.

Hedwig (sich verbeugend).

Hedwig Maria Magdalena v. Kuhn, jüngste Tochter des Commerzienraths v. Kuhn und dero ergebenste Dienerin. (Knixt und springt durch die erste Thür links ab.)

Dritter Auftritt.

Rotteck allein.

Rotteck.

Fräulein! — fort ist sie. Kleiner, reizender Kobold. Ich wußte gar nicht, daß noch eine zweite Tochter im Hause. Sie muß in der Pension oder sonst eingemauert gewesen sein. Ich begreife, daß sie das Mädchen noch nicht vorstellen. So schön Fräulein Maria ist, diese frische, piquante Erscheinung würde ihr schaden. Ich möchte mich lieber den ganzen Abend mit diesem kleinen Satan unterhalten als ex officio meine Pflichttänze abtanzen. Sie läßt sich nicht mehr sehen. In Gottes Namen gehen wir an die Arbeit. (Sieht sich noch einige Male um und geht durch die Mittelthüre rechts ab.)

Vierter Auftritt.

Waldau, in elegantem Anzug, weiße Cravatte ꝛc., tritt aus der zweiten Seitenthüre links.

Waldau (seine Handschuhe zuknöpfend).

Ich bin der letzte, wie mir der Diener sagt. Thut nichts. Ich wäre am liebsten ganz zu Hause geblieben und hätte an meinem Lustspiel fortgeschrieben. Ich war gerade so schön im Zuge; aber ich bin noch nicht berühmt genug, um grob zu sein und bin nun einmal eingeladen, obschon ich nicht weiß wie ich zu dieser Ehre komme, denn ich kenne den Herrn Commerzienrath gar nicht. Wenn die Leute meinen ein Lustspieldichter sei amüsant, so werden sie sich täuschen, denn mir ist sehr tragisch zu Muthe. Wenn ich nicht immer — leider vergeblich — hoffte, s i e zu treffen, ich würde in keine Gesellschaft gehen, ich will niemand sehen, niemand als s i e. Es ist etwas entsetzliches sich über seine eigene Dummheit ärgern zu müssen. (Seufzt.) Bah, was hilft's. Sie ist vielleicht wieder abgereist, hat mich vermuthlich längst vergessen. (Sich über die Stirne fahrend.) Fort mit dem Gedanken. Heute braucht man ja nur meine Füße. (Sieht sich um.) Das ist, scheint es, ein Vorzimmer. Dort der Speisesaal. Viel versprechend, aber leer, hier der Tanzsaal, wenig versprechend, aber voll. Es muß sein, also vorwärts (Geht langsam nach der Mittelthüre rechts, den Claque=Hut unter dem Arm, auf seine Handschuhe sehend, während er sie zuknöpft.)

Fünfter Auftritt.

Waldau. Marie in elegantem Ballanzug aus der Mittelthüre rechts.

Marie.

Er ist nicht gekommen! Ah da ist er. (Waldau die Hand reichend, welcher bei dem Klang ihrer Stimme auffährt.) Endlich!

Waldau (jubelnd).

Endlich, endlich ist es wahr, ich sehe Sie wieder. Oh Fräulein, Sie ahnen nicht wie dankbar ich dem glücklichen Zufall bin.

Marie.

Ein Zufall doch nicht, Herr Waldau. Ich gestehe Ihnen, daß ich ein wenig für Sie intriguirt.

Waldau.

Intriguirt! also doch noch eine kleine Neigung zum Theater; doch jetzt Fräulein, ehe das neidische Schicksal mir wieder einen Streich spielt, sagen Sie mir mein Fräulein, wie ist Ihr lieber Name; wo darf ich Sie, kann ich Sie aufsuchen.

Marie.

Und das fragen Sie hier im Hause meines Papas.

Waldau.

So ist Herr Commerzienrath Ihr Herr Papa? Oh jetzt, jetzt erst weiß ich die Einladung zu schätzen, welcher ich mit so vielem Widerwillen Folge leistete.

Marie.

Das ist nicht schmeichelhaft.

Waldau.

Ich ahnte ja nicht, welch ein Glück mir hier blühte, und was ist mir eine Gesellschaft ohne Sie, Fräulein — Noch eine Bitte aber, seien Sie nicht böse. Wie nennen Sie solche, welche sich erlauben dürfen, Sie bei Ihrem Vornamen zu nennen.

Marie.

Marie!

Waldau (der ihr die Hand küßt).

Marie! Und wissen Sie auch schon, daß mein Lust= spiel angenommen und bereits einstubirt ist?

Marie.

Ich habe es mit vielem Vergnügen gehört, wie man jetzt überall von Ihnen liest und hört.

Waldau.

Ja, Strohberger versteht den Rummel! Ich wollte gleich zu Ihnen eilen, mein Glück zu verkünden; aber meine kolossale Dummheit, nicht nach Ihrem Namen ge= fragt zu haben, verhinderte mich.

Marie.

Bitte, die Dummheit war ganz meinerseits. Es fiel mir ein, als ich zu Hause war, daß ich Sie wohl auf= gefordert uns zu besuchen; aber weder meinen Namen, noch unsere Wohnung genannt. Deshalb veranlaßte ich Mama, Sie heute einzuladen.

Waldau.

Sie sind ein Engel! auf daß Sie mir aber nicht davonfliegen, bitte, geben Sie Ihre Karte. Sie haben doch noch einen Tanz frei?

Marie.

Leider nein! Ich dachte, Sie kämen nicht mehr, und so gab ich soeben die letzte Tour an Baron Rotteck.

Waldau.

Ist das der Tanz, welcher jetzt kommt?

Marie.

Nein, die nächste Tour ist ein Galopp.

Waldau.

Ein Galopp? Oh, den müssen Sie mir geben.

Marie.

Ich möchte gerne, wenn ich könnte; aber er ist nicht mehr frei.

Waldau.

Warum denn nicht! Bitte, geben Sie mir Ihre Karte (Die Karte nehmend, macht einen Strich; lachend) So, nun ist er frei! Sehen Sie, das nennt man censiren! Diese Schrift ist ohnedies Sanscrit, und Sie sagen einfach, Sie hätten sich geirrt! Zur Sicherheit will ich meinen Namen einsetzen!

(wischt aus, und schreibt auf seinen Hut).

Sechster Auftritt.

Die Vorigen. Commerzienräthin in eleganter Toilette aus der Mittelthüre rechts kommend, geht nach dem Büffet, Joseph hinter ihr.

Commerzienräthin.

Hier ist Einiges gegessen worden, fülle wieder auf Joseph (Joseph geht durch die zweite Thüre links ab, kommt mit einem Brett wieder, arrangirt das Büffet und geht mit dem Brett durch die zweite Thüre links wieder ab). Nicht im Tanzsaal Marie?

Marie (vorstellend).

Herr Waldau. Meine Mama.

Waldau (verbeugt sich).

Commerzienräthin (Waldau die Hand reichend).

Es freut mich Herr Waldau, daß Sie unserer Einladung Folge geleistet haben, obgleich Sie uns nicht kannten. Wir haben freilich schon sehr viel von Ihnen gehört durch die Blätter (mit einem Blick nach Marie, lächelnd) und durch die Intendanz. Marie hat mir alles erzählt.

Waldau.

Gnädige Frau, Sie sind unendlich gütig, daß Sie einen Mann, welcher sich so stupid benommen, freundlich aufnehmen.

Commerzienräthin.

Ich fühle mich Ihnen zu Dank verpflichtet.

Waldau.

Sie mir, Frau Commerzienräthin?

Commerzienräthin.

Ja, Sie haben meine Tochter kurirt, nachdem Sie sie vorher allerdings durch Ihre Novelle vergiftet. Sie wissen zu welch' überspanntem Schritte sie sich hinreißen ließ. Ihre Dreistigkeit —

Waldau (einfallend).

Gnädige Frau, seien Sie in der That gnädig und verzeihen Sie mir ein Benehmen, welches ich mir selbst niemals verzeihen werde, über welches ich mir Zeit Lebens Vorwürfe machen werde.

Commerzienräthin.

Thun Sie das nicht Waldau, denn gerade daß Marie bei dem ersten Schritt auf eine Bahn, welche zu betreten ich ihr niemals gestattet hätte, empfinden mußte, welche Demüthigungen ihr diese Stellung möglicher Weise zuzieht, hat sie zur Vernunft gebracht. Und dann — sie hat mir gesagt, wie bringend Sie ihr abgeredet. Dafür bin ich Ihnen dankbar. Ich danke Ihnen.

Waldau (betastet mit der Hand seinen Kopf).

Commerzienräthin.

Haben Sie Kopfschmerz?

Waldau.

Nein, mir war als ob sich alle meine Haare sträubten und brennend würden, denn Sie häufen feurige Kohlen auf mein Haupt.

Commerzienräthin (lachend).

Nein, nein, das thu ich nicht. Wo so viel Spiritus angesammelt, muß man vorsichtig sein, daß es nicht Feuer fängt. Und nun — wann werden wir Ihr Lustspiel zu hören bekommen?

Waldau.

Voraussichtlich am Geburtstag Sr. Hoheit.

Commerzienräthin.

Ich bin unendlich gespannt darauf, da wir schon so viel Lobenswerthes von Ihrem Werke gehört. Der Intendant soll sich geäußert haben: Er freue sich dem verarmten Lustspiel eine so geistvolle Feder zuzuführen.

Marie.

Sämmtliche Damen und Herren seien begeistert von ihren Rollen.

Waldau (verbeugt sich).

Das freut mich, denn es gibt mir meine Bescheidenheit zurück.

Commerzienräthin.

Wie meinen Sie das?

Waldau.

Ich bin nehmlich entsetzlich arrogant, wenn ich fühle, daß man mich drücken will und fühle mich gedrückt, wenn ich sehe, daß man meine Verdienste überschätzt.

Commerzienräthin.

Das kann niemals möglich sein, (Waldau verbeugt sich) und nun entschuldigen Sie mich! Meine Pflicht als Hausfrau gestattet mir nicht so lange bei einem Gaste zu verweilen. Amüsiren Sie sich gut, und tanzen Sie recht! Marie wird Sie mit den jungen Damen bekannt machen.

(Grüßt und geht durch die Mittelthür links ab.)

Siebenter Auftritt.

Waldau. Marie. (Man hört die Instrumente stimmen.)

Waldau.

Wer mir gesagt hätte, daß ich heute Abend so glücklich sein würde! Seit vier Wochen suche ich Sie in allen Theatern, Concerten, Gesellschaften, ich bin allen möglichen Damen nachgelaufen.

Marie (droht leicht mit dem Fächer).

So?

Waldau.

Ja, wenn ich glaubte Sie seien es, wenn mich die Grazie der Bewegungen verführte —

Marie (droht leicht mit dem Fächer).

Die Dame für eine Ballettänzerin zu halten bis das Metall ihrer Stimme Sie überzeugte, daß sie ein Sängerin.

Waldau.

Das war boshaft Fräulein. Haben Sie denn auch so viel — ich wollte sagen ein wenig, ein einziges Mal an mich gedacht?

Marie.

Ich glaube ja, als ich die Einladungskarte schrieb.

Waldau.

Sie sind ein Engel, Fräulein. Ich habe mich gesehnt,

gesehnt nach einem Blick in diese Tiefen, in diese Augen, die mich in den Schlaf verfolgt.

Marie.

Sie haben also doch gut geschlafen?

Waldau.

Nein ich habe nicht geschlafen, nicht gegessen — nicht gelebt diese Zeit. Sagen Sie selbst, finden Sie mich nicht magerer geworden? bin ich nicht eine wahre Jammergestalt?

Marie (lächelnd).

Nein, das finde ich nicht, (die Musik spielt einige Takte des Galopp und hört wieder auf) — aber die Musik beginnt!

Waldau.

Ihre Mama wünscht ich soll recht tanzen, folgen wir der Mama! Darf ich bitten. (Reicht Marie den Arm, beide gehen gegen die Mittelthüre rechts).

Achter Auftritt.

Die Vorigen. v. Leonroth (suchend aus der Mittelthüre rechts).

Leonroth.

Ah da sind Sie ja gnädiges Fräulein, ich habe Sie überall gesucht.

Marie (vorstellend).

Herr Oberregisseur von Leonroth. Herr Hans Waldau.

(Leonroth verbeugt sich kaum merklich.)

Waldau (mit einer artigen Verbeugung).

Ich schätze mich glücklich Sie hier zu sehen, Herr Oberregisseur. Ich wollte mir nämlich gestern erlauben, Sie in Ihrer Privatwohnung zu überfallen, nachdem ich Sie mehrmals vergeblich in Ihrer Canzlei aufgesucht hatte.

Leonroth (hochmüthig).

Ich habe nicht nöthig in meiner Privatwohnung Geschäfte abzumachen.

Waldau.

Das ist allerdings richtig; es war auch eigentlich kein Geschäft; ich wollte mir nur bezüglich Inscenirung und Besetzung einige bescheidene Andeutungen erlauben.

Leonroth.

Ich werde hierin thun was der Herr Intendant wünscht und lasse mir von Anderen keine Befehle ertheilen. Wenn Sie mich übrigens sprechen **müssen**, dann suchen Sie mich zur Sprechstunde auf meiner Kanzlei auf; dort **muß** ich Sie empfangen.

Waldau.

Sie sind sehr freundlich Herr Oberregisseur, ich werde Sie nicht belästigen; mir genügt diese eine Unterredung. Im Interesse Anderer möchte ich Sie nur bitten, einige Stühle in den Corridor zu stellen, es ist — besonders für Damen nicht angenehm, auf dem Steinpflaster zu patrouilliren.

Leonroth.

Ich bezweifle, daß die Intendanz Ihretwegen eine andere Einrichtung trifft. — Darf ich um Ihren Arm bitten, Fräulein, die Galoppade die Sie mir zugesagt, beginnt.

Marie.

Ihnen zugesagt! Wirklich? Herr von Leonroth — ja, ich glaube mich zu erinnern; dann habe ich aber eine Confusion gemacht! das thut mir unendlich leid — — ich gab diesen Gallopp Herrn Waldau!

Leonroth

Ich denke Herr Waldau wird meine ältern Rechte anerkennen und so taktvoll sein mir diesen Tanz abzutreten.

Waldau.

Aeltere Rechte? Wie so das?

Leonroth.

Mein Name steht auf der Tanzkarte.

Waldau
(nimmt Mariens Karte).

Auf der Karte? Da steht mein Name!

Leonroth (wüthend).

Gut, Herr Waldau, daran sollen Sie denken.
(Verbeugt sich kurz gegen Marie und geht durch die zweite Mittel=
thüre links ab.)

Neunter Auftritt.

Waldau. Marie.

Marie.

Das hätten Sie am Ende lieber nicht thun sollen, Herr Waldau!

Waldau.

Nicht? Auf diesen Tanz verzichten? — Um keinen Preis!

Marie.

Ich fürchte, es war sehr, sehr unklug von Ihnen. Herr von Leonroth ist boshaft, kleinlich, er kann, er wird Ihnen schaden.

Waldau.

Mir? Wie so denn das? jetzt kann mir nur mehr das Publikum schaden. Bah, denken wir nicht mehr an den Herrn Oberregisseur! Lassen Sie ihm doch seinen netten Zorn! Kommen Sie, Fräulein, der Tanz beginnt, es wäre schade um jeden Takt, welchen wir verlieren.
(Beide Arm in Arm durch die Mittelthüre rechts ab.)

Zehnter Auftritt.

Hedwig (aus der Seitenthüre links vorsichtig eintretend).

Hedwig
(wischt sich mit dem Taschentuch Mund und Hände, noch schluckend).

Es war ganz gut was sie mir zum Nachtessen herein= geschickt, aber man bekommt eben doch nicht von allem, wenn man am Katzentischchen ißt. Rahmtörtchen habe ich keine bekommen und die esse ich so gerne! Vielleicht sind noch welche da. Ja! (Geht erst an die Mittelthüre, rechts ans Büffet). Sie tanzen noch? Galoppade! (Seufzt und ißt). Ach, wenn ich da tanzen dürfte! Baron Rotteck muß schön Galoppade tanzen! (Sie steht mit dem Rücken gegen die Thüre und ißt). Er hat ganz recht, es ist grausam von Mama. (Ißt mit vollen Backen). Ach, wie freue ich mich auf nächsten Winter, wenn ich auf Bälle komme. Wie reizend die Musik ist! Mit wem wohl Baron Rotteck tanzt. Ich muß es sehen. (Dreht sich um). Ah!

Elfter Auftritt.

Hedwig. Rotteck.

Rotteck
(tritt rasch ein und faßt Hedwig, welche bei seinem Anblick einen Schrei ausstößt und fort will, bei der Hand).
Fräulein, Sie müssen mit mir tanzen! Sie dürfen nicht fort. Ihretwegen habe ich diese Galoppade nicht engagirt. Ich hätte Sie aus Ihrem Zimmer geholt. Gutwillig oder gewaltsam, Sie müssen mit mir tanzen.

Hedwig (heftig schluckend und hustend).
Nein, nein, Herr Baron, lassen Sie mich auf mein Zimmer; wenn Mama käme, sie würde furchtbar zanken.

Rotteck.
Seien Sie nicht grausam, Fräulein, hören Sie nur diese reizende Musik; zwar leise, aber man hört es gut. Bitte, kommen Sie. Tanzen Sie denn nicht gerne?

Hedwig.
Oh Gott ja, leidenschaftlich, aber es geht nicht, ich darf nicht!

Rotteck.
Warum nicht, es ist empörend! Eine Dame von siebzehn Jahren, wie ein Kind zu behandeln.

Hedwig.
Ja, es ist empörend.

                    Rotteck.
Nun also?
                    Hedwig.
Ich kann nicht — ich kann nicht in diesem Anzug in den Tanzsaal.
                    Rotteck.
Das sollen Sie auch nicht, wir halten hier einen kleinen Privatball.
                    Hedwig.
Hier? Oh das wäre reizend. — Wenn aber Mama oder Marie käme.
                    Rotteck.
Ihre Fräulein Schwester tanzt selbst und die Frau Commerzienräthin ist im Speisesaal. Also?
                    Hedwig
(legt schüchtern ihren Arm in den seinen und zieht ihn wieder zurück).
Nein — ich kann nicht.
                    Rotteck.
Ah, Sie können nicht tanzen, das ist etwas anderes.
                    Hedwig (piquirt).
Ich könnte nicht tanzen? das wollen wir sehen!
                    Rotteck
(umfaßt sie rasch und tanzt mit ihr).
Fräulein, Sie tanzen wie ein Engel was Sie auch sind.
                    Hedwig.
Ach und Sie tanzen auch viel besser als alle Mädchen in der Pension.

Zwölfter Auftritt.

Die Vorigen. **Waldau. Maria. Commerzienräthin.**

Marie am Arm **Waldau's,** — aus dem Tanzsaal kommend, bleiben erstarrt unter der Mittelthüre stehen. **Commerzienräthin** — gleichzeitig aus dem Speisesaal, steht ebenso unter der Mittelthüre rechts, unbemerkt von **Rotteck** und **Hedwig** — welche fort= tanzen, während der V o r h a n g r a s c h f ä l l t.

Dritter Akt.

Empfangs-Zimmer im Hause des Commerzienraths mit einer Mittel- und zwei Seitenthüren. Links im Vordergrunde ein Fenster. Rechts ein Canapee mit Tisch. Sonst Fauteuils, Stühle etc.

Erster Auftritt.

Waldau. Joseph.

Joseph (Waldau einlassend).

Ich werde Sie sogleich melden. (Geht durch die Mittelthüre rechts ab.)

Zweiter Auftritt.

Waldau allein, gleich darauf **Joseph.**

Waldau
(elegant, aber dunkel gekleidet, den Cylinder in der Hand, athmet tief auf).

Ich wollte, ich wäre um eine Stunde älter! Mir ist als ob ich im Vorzimmer des Zahnarztes stünde. Ganz so behaglich. Wenn's nur vorüber wäre.

Joseph
(aus der Thüre rechts kommend durch die Thüre links ab, im Vorbeigehen zu Waldau).

Die Frau Commerzienräthin werden sogleich erscheinen. (Ab.)

Dritter Auftritt.

Waldau allein, darauf **Marie.**

Waldau (athmet tief auf).

Ich wollte, es wäre überstanden!

Maria
(aus der Thüre rechts tretend und Waldau die Hand reichend).
Guten Tag, Herr Waldau. Mama ist noch nicht mit ihrer Toilette zu Ende, Sie müssen sich einstweilen mit mir begnügen. Bitte legen Sie ab und nehmen Sie Platz. (setzt sich auf das Canapee; Waldau stellt einen Stuhl und setzt sich, schwer aufathmend.)
Marie.
Sie befinden sich doch immer recht wohl?
Waldau (aufathmend).
Oh ja ich danke, und Sie auch Fräulein?
Marie.
Ich danke ja.
Waldau.
Und Ihre Frau Mama befindet sich auch recht wohl?
Marie.
Ich danke ja. (Für sich) Was hat er denn, so war er nie; so blaß und beklommen.
Waldau (tief aufathmend).
Und der Herr Commerzienrath? —
Marie (rasch einfallend).
Ich danke ja. (Drückt die Zähne in die Lippen ein Lachen zu verbergen und schüttelt befremdet den Kopf).
Waldau (nach kurzer Pause, schwer athmend).
Es ist sehr schönes Wetter.
Marie.
Süperbe! (Lacht) Und sind Sie expreß gekommen, mir das zu sagen?
Waldau (lebhaft).
Nein, Fräulein, nein — im Gegentheil — ich bin gekommen etwas sehr wichtiges zu sagen — (athmet tief auf) Wird Ihre Frau Mama noch lange bei der Toilette bleiben?
Marie (lächelnd).
Soll ich sie holen?
Waldau.
Um Gottes Willen, nein! Ich bin nur nicht gewöhnt,

daß mir das Schicksal so günstig ist wie eben jetzt. Eigent=
lich, ganz eigentlich wollte ich mit Ihnen selbst sprechen.
Marie.
Nun so sprechen Sie!

Waldau athmet tief auf).

Fräulein! können Sie sich vorstellen — Glauben Sie
an eine Liebe beim ersten Anblick? können Sie sich vor=
stellen, daß man beim ersten Blick in ein liebes Menschen=
antlitz denkt, Diese muß mein werden, das ist die Rechte!
Erscheint Ihnen das nicht vielleicht — wie vielen Anderen
— romantisch, unnatürlich?

Marie.

Es scheint mir natürlich, weil romantisch und weil
ich, wie Mama tadelt, einen Hang zur Romantik habe.

Waldau.

Ob ich wußte, daß Sie mich verstehen würden, ob=
gleich ich mich sehr ungeschickt ausgedrückt, sehr linkisch
benommen, ich habe das an Ihrem Lächeln gesehen, aber
obgleich ich Ihnen gesagt, daß ich arrogant bin, obschon
ich Ihnen bewiesen, daß ich dreist bin, so ist doch der
Wunsch, welcher auf meinen Lippen schwebt, so entscheidend
für mein Lebensglück, daß ich alle Zuversicht verloren
habe und mir der Muth fehlt, ihn auszusprechen. (Athmet
tief auf, Maries Hand fassend) Fräulein, helfen Sie mir doch
ein wenig!

Marie (halb lächelnd, halb verlegen).

Wie soll ich das? weiß ich mir doch selbst nicht zu
helfen.

Waldau.

Sehen Sie mich an: Großer Gala! so geht man zur
Brautwerbung und Verlobung oder — zu einem Begräbniß!
(Athmet an) Ich werde wohl zu meinem Begräbniß ge=
gangen sein?

Marie (verlegen und liebevoll).

Wenn ich es hindern kann, Herr Waldau, gewiß nicht!

Waldau (lebhaft).

So darf ich hoffen, daß etwas in Ihrer Brust lebt,

was der Stimme in meinem Herzen antwortet; so darf ich hoffen, daß Sie mir gut sind, daß Sie — mein werden wollen, mein für immer?

    Marie (ihm ernst in die Augen sehend).

Ja!

    Waldau (stürmisch ihre Hände küssend).

Maria! Sie machen mich überglücklich! (Athmet auf.) So. Jetzt ist es überstanden und jetzt darf ich mit Ihren Eltern reden?

      Marie.

Ja.

Vierter Auftritt.

Die Vorigen. Commerzienräthin steht unter der Thüre rechts.

      Waldau.

Marie! M e i n e Marie!

     Commerzienräthin.

Noch nicht „meine", lieber Waldau.

  Marie.   { **Waldau** erschrocken.

Mama!   { Gnädige Frau!

     Commerzienräthin

(eintretend; Marie und Waldau haben sich erhoben und stehen verlegen).

So so lieber Waldau, das ist der Zweck Ihres Morgenbesuches. Sie wollen mit den Eltern sprechen. Ich will es Ihnen leicht machen, denn ich habe es kommen sehen. (Reicht ihm die Hand.)

    Waldau (ihre Hand küssend).

Und Sie zürnen mir nicht, Sie werfen mich nicht zur Thüre hinaus?

    Commerzienräthin (lächelnd).

Hat Marie Sie hinausgeworfen?

(Waldau und Marie sehen sich lächend an, sich die Hand drückend.) Es sieht nicht danach aus. Nun denn Waldau, ich achte und schätze Sie als Mensch wie als Dichter; von mir,

Kinder, habt Ihr also nichts zu befürchten; ich wünsche nur, daß Ihr recht glücklich werden möget!

Marie | Waldau (zugleich).

Liebe, gute Mama! | Beste Frau Commerzienräthin!
(küssen ihr die Hände).

Commerzienräthin.

Jubelt nur nicht zu früh, denn was Papa dazu sagen wird, das bin ich begierig. (Marie und Waldau stehen Hand in Hand vor ihr.) Er ist sehr praktisch, sehr überlegt und sehr eigensinnig. Versuchen Sie Ihr Glück, Waldau, sprechen Sie mit ihm und machen Sie sich auf einen kühlen Empfang gefaßt. Ich fürchte, ich fürchte er denkt nicht wie ich, und wenn er einmal eine Ansicht gefaßt, dann ist er nicht mehr davon abzubringen.

Marie.

Sprich Du mit Papa, Mama!

Waldau.

Ach ja, gnädige Frau.

Commerzienräthin.

Ich will ihn wenigstens vorbereiten und Ihnen das Schwerste abnehmen. Warten Sie hier. Du Marie gehe auf Dein Zimmer!
(Durch die Seitenthür links ab.)

Fünfter Auftritt.

Marie. Waldau.

Waldau.

Was soll aus mir werden, wenn Ihr Papa mich abweist, wenn er mir das Haus verbietet!

Marie.

Seien Sie nicht so kleinmüthig und seien Sie überzeugt, wie es auch kommen mag, in meinen Gefühlen ändert es nichts.

Waldau (athmet tief auf).

Ich wollte es wäre überstanden!

Marie.

Haben Sie Furcht?

Waldau.

Ja Marie, ja ich habe Furcht Sie zu verlieren, dieser Gedanke macht mich zittern, macht mich feig. Jetzt erst fühle ich die Verwegenheit meines Antrags, was denn bin ich?

Marie.

Ein Genie und (leise zärtlich) mein Alles!

Waldau (sie an sich ziehend und küssend).

Meine Marie, meine Poesie, mein Ideal!

Marie (sich losmachend).

St! ich höre die Prosa. Papa kommt. Haben Sie Muth. (Drückt ihm die Hand und geht durch die Thür rechts ab).

Sechster Auftritt.

Waldau (allein).

Waldau (athmet tief auf).

Das ist leicht gesagt. Ich wollte es wäre überstanden! Wenn er mich abweist — und er wird es thun, — wie soll ich es ertragen, was kann ich zu meinen Gunsten sagen? Wenn nur nicht gerade heute der Athem so kurz wäre. Er kommt!

(Athmet tief auf.)

Siebenter Auftritt.

Der **Vorige. Commerzienräthin. Commerzienrath** aus der Thüre links

Commerzienräthin (leise zum Commerzienrath).

Kurzum die beiden Leutchen lieben sich und Waldau ist ein achtbarer Charakter. (Laut vorstellend.) Herr Waldau. Mein Mann. (Leise zu Waldau.) Machen Sie sich ge-

faßt Waldau. Die Aussichten sind schlimm wie ich sagte. Verlieren Sie den Muth nicht! (Ab.)
Waldau (tief aufathmend, für sich).
Gewiß nicht, denn mir fehlt er total. (Laut.) Herr Commerzienrath, die gnädige Frau hat wohl die Güte gehabt Ihnen mitzutheilen. — —
Commerzienrath
(setzt sich auf das Canapee, Waldau mit einer Handbewegung zum Sitzen einladend).
Allerdings, sie hat uns Beiden das Peinliche einer Einleitung erspart. Sie hat mir gesagt, daß Sie unsere Tochter lieben. Daß Sie meine Einwilligung erbitten wollen. — —
Waldau.
So ist es Herr Commerzienrath. (Für sich.) Ich wollte es wäre übezstanden!
Commerzienrath.
Mein lieber Herr, es thut mir leid, Ihnen diese Einwilligung versagen zu müssen, obgleich ich Sie als Mann schätze und achte, obgleich Ihnen meine Frau die ihre vermuthlich bereitwillig zugesagt.
Waldau.
Das that sie und ich hoffte, daß auch Sie —
Commerzienrath (ihm in die Rede fallend).
So überspannt sein werden wie die Frau Commerzienräthin? Nein das bin ich nicht. Ich bin prosaisch, praktisch — mit einem Wort Geschäftsmann. Ich frage Sie, Herr Waldau, wovon wollen Sie eine Frau ernähren?
Waldau.
Ich bin nicht ganz ohne Vermögen.
Commerzienrath.
Ich weiß. Ich kenne Ihre Verhältnisse als sehr geordnet. Sie können als Junggeselle recht anständig leben; aber das reicht nicht einen Hausstand zu gründen; oder haben Sie vielleicht auf das Geld meiner Tochter gerechnet?
Waldau.
Das that ich natürlich.

Commerzienrath.
Und das sagen Sie mir.

Waldau.
Weshalb nicht?

Commerzienrath.
Sonderbar. Jeder Andere würde mich versichern, meine Tochter nicht des Geldes wegen zu nehmen.

Waldau (einfach).
Ich würde mich schämen, dies erst versichern zu müssen.

Commerzienrath (für sich).
Das gefällt mir eigentlich. (Laut.) Zugestanden; aber sehen Sie junger Mann, Vermögen haben Sie so gut wie keines; Ihre Schriftstellerei ist wohl nicht sehr einträglich.

Waldau (lachend).
Vorerst allerdings nicht, aber das ist nur bis ich bekannt bin. Sie geben doch zu, Herr Commerzienrath, daß auch ein Dichter sich ein schönes Einkommen erwerben kann?

Commerzienrath.
Das bestreite ich nicht. Hackländer, Auerbach, Laube haben sich ein Vermögen erschrieben, aber einträglich ist das Geschäft, wenn ich Poesie so nennen darf, doch erst, wenn man einen Namen hat. Haben Sie einen Namen, junger Mann?

Waldau.
Ich heiße Hans Waldau, einen Namen habe ich somit, berühmt ist er leider noch nicht!

Commerzienrath.
Nun also sehen Sie, das ist es, weshalb ich meine Einwilligung verweigere. Wären Sie ein Kaufmann, so würde ich sagen, legen Sie Ihre Bücher vor, denn einem Schwindler gebe ich meine Tochter nicht. Wären Sie ein Maler, so würde ich fragen, wie viel Bilder verkaufen Sie durchschnittlich; sind Ihre Bilder gesucht? denn einem Schmierer gebe ich meine Tochter nicht. Sie sind Schriftsteller? Ja? ich frage Sie, wie viel Werke verkaufen Sie durchschnittlich? sind Ihre Werke gesucht —

Waldau.

Denn einem Schmierer geben Sie Ihre Tochter nicht.
(Seufzt.) Sie haben recht Herr Commerzienrath, denn leider muß ich auch diese Frage mit einem „Vorerst noch nicht" beantworten, doch werden Sie gehört haben, daß ein Lustspiel von mir an der Hofbühne angenommen. Nach dem Urtheile von Sachverständigen habe ich gegründete Ursache zu hoffen, daß ich damit durchschlagenden Erfolg erziele. Es ist nur der erste Schritt welcher kostet. Wenn ich einmal genannt bin, bin ich auch bekannt.

Commerzienrath.

Täuschen Sie sich nicht. Eine Schwalbe macht keinen Sommer. Mit einem Schlage berühmt wird der Dichter nie oder nur etwa wie Schaufert durch die Prämie eines Preisausschreibens. Eine solche Prämie haben Sie noch nicht?

Waldau.

Nein.

Commerzienrath.

Somit verstehen Sie mich junger Freund, (steht auf, auch Waldau erhebt sich) nennen Sie es Eigensinn, Eigenheit, wie Sie wollen, schlagen Sie sich alle Heirathsgedanken aus dem Kopfe. Es kann ja sein, daß Sie sich mit der Zeit emporschwingen, gegen Ihre Persönlichkeit habe ich nichts; so lange Sie aber ein obscurer Dichter ohne Namen sind, muß ich meine Einwilligung verweigern. Eben so wenig dulde ich eine Brautschaft oder Bekanntschaft von X Jahren. Sie werden nicht leugnen, daß es noch Jahre dauern kann bis Sie ein Laube oder Hackländer sind.

Waldau.

Ich kann es nicht leugnen. Und so verbieten Sie mir Ihr Haus?

Commerzienrath.

Das habe ich nicht gesagt. Machen Sie sich nicht zu selten und kommen Sie nicht zu oft. Für jetzt entschuldigen Sie mich, ich muß zur Börse.

(Grüßt mit dem Kopfe. Durch die Thüre links ab).

Waldau (verbeugt sich).

Achter Auftritt.

Waldau allein.

Waldau.

Abgewiesen! Und was das Traurigste ist, er hat recht in Allem was er sagt. (Niedergeschlagen.) Nun wäre es ja überstanden, ich habe gesagt was ich sagen wollte und gehört — was mir gehört. Es war eine Verwegenheit von mir. (Nimmt seinen Hut und seufzt.) Ich werde wohl nicht zu oft mehr kommen.

(Geht langsam nach der Thüre.)

Neunter Auftritt.

Der Vorige. Commerzienräthin. Marie.

Commerzienräthin

(sieht erst durch den Thürspalt und tritt rasch ein. Rufend) Waldau! was ist das, wollen Sie fort ohne sich zu verabschieden, ohne uns zu sagen wie Ihre Unterredung ausgefallen?

Waldau (gedrückt).

Wie ich es hätte voraussehen sollen gnädige Frau, ich bin abgewiesen.

Marie.

Abgewiesen! Oh Gott!

Commerzienräthin.

Abgewiesen? ein für alle Mal?

Waldau.

Ich weiß nicht wie ich es nehmen soll. Der Herr Commerzienrath sagte ich solle mir alle Heirathsgedanken aus dem Kopfe schlagen, so lange ich ein solch obscurer Dichter bin.

Commerzienräthin.

Ah! Das sagte er und hat er Ihnen verboten uns zu besuchen.

Waldau.

Nicht direct! Der Herr Commerzienrath sagte, machen Sie sich nicht zu selten und kommen Sie nicht zu oft.

Commerzienräthin.

Sie undankbarer, kleinmüthiger Mensch! und damit sind Sie nicht zufrieden, dabei machen Sie eine solche Leichenbitters Miene, Ihre Sache steht besser als ich hoffte — So lange Sie ein obscurer Dichter sind! Das werden Sie nicht mehr lange sein. Denken Sie doch an Ihr Lustspiel, von dem man jetzt schon so viel spricht.

Waldau.

Das sagte ich auch dem Herrn Commerzienrath, jedoch er meinte, eine Schwalbe mache keinen Sommer.

Commerzienräthin.

Aber eine Schwalbe kommt auch nicht allein, sie fliegen in Schaaren. So wird es mit Ihrem Lustspiel gehen. Es gefällt, es wird an allen Bühnen gegeben, neuere Stücke von Ihnen folgen nach, Ihr Name ist gemacht, Sie hören auf ein obscurer Dichter zu sein.

Waldau.

Glauben Sie das gnädige Frau? Oh Sie machen mir neuen Muth.

Marie.

Mama hat recht, es wird, es kann Ihnen nicht fehlen, Sie dürfen nicht kleinmüthig werden, den Humor nicht verlieren. Ihre Seele muß von Gutta-Percha sein. Ich bin voll Zuversicht, seien Sie es auch.

Waldau.

Gnädige Frau! Fräulein! Sie geben mir in der That die Elasticität meines Geistes zurück. Es ist ja wahr, ich hab noch Hoffnung, ich habe noch Aussicht und das Schicksal wird endlich die Einsicht haben sie mir nicht für immer zu versperren. Mein Lustspiel ist angenommen, wird aufgeführt und — bis dahin will ich Muth aus diesem Himmel schöpfen. (Faßt Marie's Hand, ihr zärtlich in die Augen sehend).

Commerzienräthin.
Erlauben Sie, diesen Himmel muß ich Ihnen vorerst noch verschließen und auch diese Hand darf Ihnen noch nicht gelassen werden.   (Marie zieht ihre Hand zurück).
Waldau (bittend).
Gnädige Frau.
Commerzienräthin.
Nein, meine Kinder. Papa ist nun einmal ~~vorerst~~ dagegen und so darf ich dies nicht mit ansehen.
Waldau.
Wenn Sie es nicht ansehen dürfen, oh dann bitte drehen Sie sich ein wenig um.
Commerzienräthin (droht lächelnd).
Waldau!
Waldau.
Im Ernst gnädige Frau, der Zopf fällt.
Commerzienräthin (dreht sich um).
Stecke ihn wieder auf Maria.
Waldau
(beugt sie rasch herab, Maria küssend).
Adieu Maria.
Commerzienräthin (dreht sich rasch um).
Waldau, das war schlecht.
Waldau (lachend).
Nein das war sehr gut, Frau Mama. Und wann darf ich wieder kommen?
Commerzienräthin.
Wann Sie mir Ihr Lustspiel bringen.
Waldau.
Wollen Sie es lesen?
Marie.
Ach ja, ich bitte.
Commerzienräthin.
Es würde mich sehr interessiren.

Waldau.
Ich werde es Ihnen Morgen bringen.
Commerzienrathin (lächelnd).
Es hat nicht so große Eile, ist in 14 Tagen auch noch Zeit.
Waldau.
Wie grausam. Und muß ich jetzt wirklich fort.
Commerzienräthin.
Ja ja. Machen Sie meinen Mann nicht böse.
Waldau.
Gut ich gehe. Abieu Maria.
Commerzienräthin.
Keine Wiederholungen, Lustspiel=Dichter, Sie haben schon einmal Abieu gesagt.
Waldau
(geht ein paar Schritte nach der Thüre, kehrt um, Mariens Hand fassend.)
Aber Sie haben noch nicht Abieu zu mir gesagt Maria. Also?
Maria (verlegen).
Abieu Herr Waldau.
Waldau.
Herr Waldau!
Commerzienräthin.
Ganz recht Maria.
Waldau.
Lassen Sie sich von der Mama nicht hetzen. Sagen Sie „Abieu Hans."
Maria (schüchtern).
Abieu Hans.
Commerzienräthin
(lachend einfallend und sie trennend).
Dampf. Und nun gehen Sie Kindskopf.
Marie.
Machen Sie sich nicht zu selten.

Waldau (nach der Thüre gehend).

Engel!

Commerzienräthin.

Kommen Sie nicht zu oft.

Waldau.

In vierzehn Tagen. Adieu.
(Wirft Marie noch eine Kußhand zu. Durch die Mittelthüre ab.)

Zehnter Auftritt.

Die Vorigen ohne Waldau.

Commerzienräthin
(eine Arbeit aufnehmend, setzt sich auf das Canapee, lachend.)
Das war ein schwerer Abschied! aber liebe Maria, ich warne Dich, Du weißt Papa läßt nicht mit sich spaßen und so etwas wie eben vorgekommen darf ich nicht toleriren, auch hoffe ich, daß Du keine Deiner Freundinnen in's Vertrauen ziehst, denn ihr seit noch weit vom Ziele, obgleich ich hoffe, daß Ihr es mit der Zeit erreicht; aber wie gesagt, Papa ist nun einmal dagegen. Sorge auch dafür, daß dieser naseweise Backfisch, Hedwig, nichts merkt, denn —
(bricht plötzlich ab und stickt.)

Elfter Auftritt.

Die Vorigen. Hedwig unter der Mittelthüre.

Hedwig (für sich).

Ach! ich soll nichts merken! wovon? (eintretend schlendert aus Angst trällernd an Marie vorbei, die sie fixirt, nach dem Fenster einen Augenblick hinaussehend und sich dann am Tische rechts zu schaffen machend, Mama und Maria immer schelmisch beobachtend, laut.) War das nicht Herr Waldau, welcher mich beinahe zu Fuß überritten hätte, so zerstreut und verklärt sah er aus.

Commerzienräthin.

Nun daß er Dich übersehen hat, ist verzeihlich, Kinder pflegt man nicht zu beachten.

Hedwig.

So? — Es ist wohl sehr warm hier, Marie glüht wie ein Ofen.

Marie (verlegen).

Ja es ist sehr heiß.

Hedwig

(welche sich einen Stuhl an den Tisch rechts gezogen, die Arme auf den Tisch legend. Für sich).

Wie verlegen sie ist. Ich möchte wissen was hier vorgegangen. (Laut.) Herr Waldau ist lange dagewesen, da ist gewiß viel Interessantes gesprochen worden. Schade daß ich nicht dabei gewesen.

Commerzienräthin (lächelnd).

Ja recht schade. Waldau hat viel verloren.

Hedwig (für sich).

Sie wollen mir was verbergen, aber ich bringe es doch heraus. (Laut, die Elbogen auf den Tisch stemmend.) Was hatte er denn eigentlich da verloren, weßhalb ist er denn da gewesen Maria?

Maria.

Ich — er — er wollte —

Commerzienräthin.

Er wollte sich erkundigen, ob Du heute schon Clavier geübt. Ich wenigstens habe noch nichts davon gehört.

Hedwig (schmollend).

Ich werde schon noch üben, jetzt will ich mich erst von der englischen Stunde ausruhen.

Commerzienräthin.

Ausruhen. Du wirst Dich wohl nicht zu sehr angestrengt haben.

Hedwig (wie oben).

Wenn auch, ich will nicht den ganzen Tag lernen müssen, während Marie nichts thut und Besuche empfängt.

Commerzienräthin.

Marie empfängt keine Besuche, wer kommt — kommt zu mir.

Hedwig.

Oh Mama, glaubst Du daß Herr Waldau Deinetwegen gekommen, dann mußt Du ihm viel angenehmes gesagt haben und dann ist es auch gar nicht nöthig, daß Marie so roth wird.

Commerzienräthin.

Hedwig, Du bist ein naseweißes Kind.

Hedwig (mit dem Fuße stampfend).

Ich bin kein Kind mehr, ich bin ein Fräulein, Baron Rotteck hat es gesagt und er hat gesagt es sei ein Unrecht, daß Du mich nicht auf Bälle läßt.

Commerzienräthin.

Ah! nun Fräulein, Baron Rotteck wird Ihnen nichts mehr sagen, ich habe ihn auf sein keckes Benehmen hin in einer Weise verabschiedet, daß er es sich wohl nicht einfallen läßt wieder zu kommen.

Zwölfter Auftritt.

Die Vorigen. Joseph. Durch die Mittelthüre.

Joseph
(einen silbernen Teller mit Karte überreichend).

Herr Baron von Rotteck wünscht aufzuwarten.

Hedwig
(springt jubelnd in die Höhe und vor den Spiegel, vor welchem sie Haare und Anzug mustert).

Baron Rotteck! das ist herrlich. Marie jetzt kannst Du Clavier üben.

Commerzienräthin.

Hedwig! Du wirst sofort auf Dein Zimmer geh'n.

Hedwig.

Nein Mama, ich gehe nicht. Baron Rotteck würde sich sehr ärgern, wenn ich nicht da wäre. (Wichtig). Der Besuch gilt mir.

Commerzienräthin.

So, ich frage ob Du folgen willst? Nicht? gut, dann

werde ich den Herrn Baron nicht empfangen, wozu ich ohnedies Lust hätte.

Hedwig (weinerlich).

Es ist ein Unglück so jung zu sein, aber warte nur Mama, ich werde auch älter.

Commerzienräthin.

Und hoffentlich vernünftiger. Einstweilen gehe.

Marie.

Du erlaubst vielleicht, daß ich mit Hedwig gehe?

Commerzienräthin.

Wie Du willst. (Sieht sich um. Nachdem Marie mit der schmollend widerstrebenden Hedwig durch die Thüre rechts ab, zu Joseph) Der Herr Baron ist willkommen.

(Joseph ab.)

Dreizehnter Auftritt.

Commerzienräthin. Rotteck.

Rotteck
(rasch durch die Mittelthüre tretend, verbeugt sich. Die Hand der Commerzienräthin küssend).

Gnädige Frau befinden sich wohl? Doch da darf man nicht fragen, bei diesem brillanten Aussehen glaubt man nicht, daß Sie die Strapazen einer großen Gesellschaft kaum überstanden haben.

Commerzienräthin.

Strapazen! Das hat mir Vergnügen gemacht, doch bitte, legen Sie ab.

Rotteck.
(legt den Helm auf den Tisch links und setzt sich auf den Stuhl neben das Kanapee).

Das glaube ich wohl, gnädige Frau. Ihre Gesellschaften haben eine gewisse Berühmtheit erlangt. Es war auch alles so brillant, so reizend arrangirt.

Commerzienräthin (mit Betonung).

Nun, das Arrangement war nicht überall nach meinem Geschmack.

Rotteck (räuspert sich. Für sich).

Aha, ich verstehe. (Laut) Das ist übertriebene Bescheidenheit, gnädige Frau, ich kann Sie versichern, daß ich mich noch auf keinem Hofball so herrlich amüsirt.

Commerzienräthin.

Sie ziehen einen Privattanz vor, ich weiß, Herr Baron, aber dies ist nun zufällig gar kein faible von mir.

Rotteck.

Nicht? Merkwürdig, wie der Geschmack so verschieden. Ich finde es entzückend. — Darf ich fragen wie sich die beiden Fräulein befinden?

Commerzienräthin.

Danke sehr, die sind wohl, und, das schöne Wetter benützend, ausgegangen.

Rotteck (für sich).

Verdammtes Malheur.

Commerzienräthin.

Es ist auch fast eine Sünde im Hause zu bleiben.

Rotteck (für sich).

Das ist ein deutlicher Abschied, nun, da Hedwig nicht zu Hause (man hört im Nebenzimmer eine Galoppade rauschend spielen) Ah! sie hat mich angelogen. Den Galopp kenn' ich! (zur Commerzienräthin, welche das Taschentuch vorhält ihr Lachen zu verbergen) Welch hübsche Galoppade! Das ist wohl der Herr Commerzienrath, welcher so schön spielt?

Commerzienräthin.

Ja, ich denke, das ist mein Mann.

Rotteck.

Ich wußte gar nicht, daß der Herr Commerzienrath musikalisch. Ich finde das so reizend, wenn ein Geschäftsmann Sinn für edle Kunst hat. Der Herr Commerzienrath spielt wohl täglich um die Börsenzeit ein bischen Clavier?

Commerzienräthin.

Börsenzeit! ist es schon so spät, da wird es vor

Tische kaum noch zu einem kleinen Ausgang langen. Ich hatte keine Ahnung wie rasch die Zeit vergeht.

Rotteck (für sich).

Sie wird immer verständlicher. (Laut) Das beweist, daß Sie sehr angenehm beschäftigt sind, gnädige Frau. Wenn Sie einmal als Adjutant einen Tag im Vorzimmer seiner Hoheit zugebracht wie ich, dann würden Sie den Flug der Zeit etwas schwerfälliger finden.

Commerzienräthin.

Das glaube ich selbst. Was treiben Sie denn da?

Rotteck.

Ich denke.

Commerzienräthin.

Und ist das einem Adjutanten erlaubt?

Rotteck.

Oh ja, vorausgesetzt, daß man seine Gedanken nicht laut werden läßt; übrigens möchte ich sie auch nicht immer Preis geben müssen, denn sie sind oft reglementswidrig, mitunter sehr romantisch.

Commerzienräthin.

Romantisch!

Rotteck.

In der That. Ich male mir z. B. ~~mitunter~~ aus, wie reizend, piquant es wäre, wenn ich, wie wir im Feen= märchen lesen, ein junges schönes Mädchen entführte, das von einem Drachen behütet wird.

Commerzienräthin.

Entführen um sie zu verführen. Nicht wahr?

Rotteck.

Gewiß nicht gnäd'ge Frau. Ich bin, à la Maria Stuart, besser als mein Ruf.

Commerzienräthin (lächelnd).

Was nicht viel sagen will und immerhin dürfte es selbst in unserer nüchternen Zeit rathsam sein, jungen unerfahrnen Mädchen einen Drachen zur Aufsicht zu geben.

Rotteck.
Und trauen Sie einem Ritter der Neuzeit, vulgo Offizier, nicht den Muth zu, den Kampf mit dem Drachen aufzunehmen?

Commerzienräthin.
Den Muth wohl, jedoch nicht die Ausdauer.

Rotteck.
Wo wirkliches Gefühl im Spiel, wohl doch.

Commerzienräthin.
Sie wollen sagen, Spiel der Gefühle.

Rotteck.
Gnädige Frau, Sie sind sehr ungläubig, haben Sie so viele Erfahrungen gemacht?

Commerzienräthin.
An Andern ja, und das ist bequemer, ich habe beobachtet.

Rotteck
Und zwar sehr scharf wie es scheint.

Commerzienräthin.
Ja, Herr Baron. Ich bin selbst so eine Art Drache aus der Feenwelt.

Rotteck (galant).
Sagen wir lieber Fee.

Commerzienräthin (rasch einfallend, lachend).
Aus der Drachenwelt.

Rotteck.
Nein, das wollte ich nicht sagen.

Commerzienräthin (wie oben).
Aber es war einer Ihrer reglementswidrigen Gedanken.

Rotteck.
Gewiß nicht; doch der Herr Commerzienrath hat aufgehört, da habe ich vielleicht noch das Vergnügen die beiden jungen Damen —

Commerzienräthin.
Nein, ich glaube nicht. Wenn mein Mann nicht

mehr spielt, so ist er wohl schon ausgegangen, (sich erhebend, Rotteck steht gleichfalls auf) und ich bedaure Sie entführen zu müssen, jedoch, ich habe einen unumgänglichen Ausgang zu machen. Sie begleiten mich vielleicht ein Stückchen.

Rotteck.
Mit dem größten Vergnügen. (Für sich) Der Teufel soll sie holen, die wirft mich auf eine anständige Weise hinaus.

Commerzienräthin
(den Hut vom Stuhle rechts nehmend und vor dem Spiegel aufsetzend).
Wird Prinz Leopold diesen Sommer nicht verreisen?

Rotteck
(seinen Helm vom Tische unter den Arm nehmend).
Vorerst ist noch nichts bestimmt, aber Sie gnädige Frau ziehen wohl wieder aus der Stadt?

Commerzienräthin.
Wir werden in nächster Zeit auf unsere Villa ziehen.

Rotteck.
Und die beiden Fräulein natürlich auch.

Commerzienräthin.
Gewiß. Sie kennen ja meine Ansicht vom Drachen, ich lasse die Mädchen nicht allein zurück.

Rotteck (für sich).
Ja wohl, der Drache hütet sie gut, sie kommen nicht zum Vorschein. (Laut) Ihre Villa soll, wie ich höre, reizend sein, ganz in italienischem Stil.

Commerzienräthin.
Hm, ja, sie ist recht comfortable.

Rotteck.
Mehr als das, sie gehört zu den Sehenswürdigkeiten der Stadt. (Für sich) sie fordert mich nicht auf zu kommen. Drache!

Commerzienräthin.
Das ist übertrieben.

Rotteck.
Mein Weg führt mich sehr oft daran vorüber.

Commerzienräthin.
So, dann müssen Sie sie auch gesehen haben.

Rotteck.
Wie man eben etwas in flüchtigem Vorbeireiten sieht.

Commerzienräthin.
Glauben Sie mir, das genügt, denn die Villa ist wirklich nicht sehenswerth. Doch wenn Sie mich begleiten wollen?

Rotteck.
Ich bin bereit, gnädige Frau (hält die Thüre auf, sich umsehend) Drache! So muß ich fort, ohne sie gesehen zu haben. Nein!
(wirft den Handschuh auf den Tisch. Beide durch die Mittel=
thüre ab).

Vierzehnter Auftritt.

Hedwig. Rotteck.

Hedwig
(blickt durch die Thüre rechts und eilt an das Fenster links, welches sie hastig öffnet).

Sehen will ich ihn und sehen soll er mich. Sie können noch nicht hinunter sein. Ah! Da sehe ich schon die Spitze von Mamas Sonnenschirm. Nun kommt er auch gleich und sieht gewiß, herauf.

Rotteck
(die Mittelthüre öffnend, sieht sich um und geht dann rasch nach
dem Tische links).

Da ist sie. — Pardon, ich habe meinen Handschuh liegen lassen.

Hedwig
(welche bei dem Ton seiner Stimme einen leisen Schrei aus=
gestoßen, sich umdrehend).

Haben Sie mich überrascht!

Rotteck.
Unangenehm?

Hedwig (schüttelt verneinend den Kopf).

Rotteck.

Wissen Sie, Fräulein, daß ich Ihretwegen gekommen?

Hedwig (schüttelt bejahend).

Rotteck (ihre Hand fassend).

Reizendes, bezauberndes Kind. Weßhalb sind Sie nicht früher herein gekommen?

Hedwig.

Mama hat mich weggeschickt, obgleich ich so gerne geblieben wäre.

Rotteck.

Armes Kind! (küßt ihr die Hand) Sie sind der reizendste — entzückendste, liebenswürdigste Engel — der mir in meiner Praxis vorgekommen.

Fünfzehnter Auftritt.

Die Vorigen. Commerzienräthin (unter der Mittelthüre erscheinend).

Commerzienräthin (streng).

Herr Baron!

Rotteck
(läßt Hedwigs Hand los, den Handschuh vom Tisch nehmend und in die Höhe haltend).

Ich habe gefunden, was ich gesucht. Es war mein Handschuh!
(mit einem Blick nach Hedwig, welche die Hände auf dem Rücken lächelnd dasteht, nach der Mittelthüre).

Der Vorhang fällt rasch.

Vierter Akt.

(Zimmer im Hause des Commerzienraths wie im dritten Akt. Auf einem Stuhle im Hintergrund liegen Hüte und Schirme.)

Erster Auftritt.

Commerzienräthin. **Marie** (mit einer Stickerei beschäftigt am Tische links).

Commerzienräthin
(sitzt auf dem Canapee rechts, von einer Zeitung aufblickend).

Ich habe auf 12 Uhr den Wagen bestellt Marie und heute mußt Du ohne Gnade und Pardon mit mir fahren. Ich erlaube nicht, daß Du Dich auch diese Woche wieder zu Hause einsperrst.

Marie.

Ich bin am liebsten zu Hause.

Commerzienräthin.

Glaubst Du denn, ich merke nicht weshalb Du plötzlich so ungern fortgehst, weil Du fürchtest, den Besuch des Herrn Waldau zu verfehlen, der sich übrigens strenge an mein Wort fällt. In 14 Tagen habe ich gesagt, und da er so gewissenhaft ist, kannst Du einen Ausflug wagen. Es sind morgen erst vierzehn Tage.

Marie.

Bitte, Mama, lasse mich nur heute noch zu Hause ich — ich möchte diese Stickerei beenden.

Commerzienräthin.

Du bist nicht aufrichtig. Zur Strafe dafür und weil Dir Luft und Bewegung nöthig, sollst Du mit. Komm, komm, da hilft kein Widerstreben, gib mir den Hut, dort liegt er.

Marie
(erhebt sich langsam, widerstrebend die Arbeit weglegend, für sich).

Er wird kommen und uns nicht zu Hause treffen.

Commerzienräthin.

Nun, Marie.

Marie.

Hier Mama.
(gibt ihrer Mama den Shwal um und reicht ihr den Hut, den ihren mit großer Langsamkeit aufsetzend).

Commerzienräthin.

Ich wundere mich eigentlich selbst, daß Waldau es so lange aushält, er hat vermuthlich viel zu thun. Es ist übrigens merkwürdig, wie plötzlich in den Zeitungen von ihm gesprochen, resp. geschrieben wird. Wenn das so fortgeht, so ist er bald ein berühmter Mann, was meinst Du Marie?

Marie (verlegen ihre Handschuh knüpfend).

Ich — ich weiß nicht. Wie ungeschickt, nun sind beide Knöpfe abgerissen, das sieht so unordentlich aus.

Commerzienräthin.

Allerdings, so hole ein anderes Paar.

Marie.

Diese sind aber noch ganz neu.

Commerzienräthin.

So nähe die Knöpfe an, das ist ja rasch geschehen.
(Setzt sich vollständig angekleidet mit Hut und Handschuhen auf das Kanapee, die Lectüre wieder aufnehmend).

Marie
(den Hut auf, einen Handschuh an, Nadel und Faden nehmend, und Knöpfchen aus dem Arbeitskörbchen langend, näht langsam).

Du wirst nicht so lange warten können Mama, der Faden reißt immer ab. Willst Du nicht vorausfahren?

5

Commerzienräthin.

Vorausfahren! Dann willst Du mir wohl nachreiten? Kind, Deine Ausflüchte nützen Dir nichts, beeile Dich ein wenig. An allen diesen Malheurs, Knöpfe abbrechen, Faden abreißen, und wohl noch mehr, ist doch niemand Schuld als —

Zweiter Auftritt.

Die Vorigen. Joseph. Gleich darauf Waldau.

Joseph (meldend).

Herr Waldau.

Commerzienräthin.

Ist willkommen. (Joseph ab.)

Waldau
(durch die Mittelthüre tretend, verbeugt sich, er hält ein rothes Buch in der Hand).

Commerzienräthin.

Guten Tag, Waldau. Sie kommen wie der Wolf in der Fabel.

Waldau.

Haben Sie von mir gesprochen, gnädige Frau, hoffentlich nur Gutes.

Commerzienräthin.

Wer spricht nicht von Ihnen. Sie sind ja plötzlich der Löwe des Tages.

Waldau.

Ja, nicht wahr, ich galoppire auf dem Wege zur Berühmtheit und das ist natürlich, wenn man das Ziel bedenkt, welches mir am Ende der Lorbeer=Allee winkt.

Commerzienräthin.

Was haben Sie denn da, Ihr Lustspiel? (Waldau überreicht mit einer Verbeugung das Buch, sich wieder neben Marie setzend) Ah, ich danke Ihnen. Das ist sehr liebenswürdig und sehr anerkennenswerth, so hübsch Wort zu halten. Es sind morgen erst vierzehn Tage und Sie bringen es heute schon. (Lacht.)

Waldau (bittend).

Gnädige Frau! Sie ahnen nicht, welche Ueberwin=

dung es mich gekostet, diese anständige Pause zwischen meinem letzten Besuche und heute zu machen.

Commerzienräthin
(in dem Buche blätternd).

So. Dann ist es um so anerkennenswerther.

Waldau (leise zu Marie).

Haben Sie denn auch so oft an mich gedacht wie ich an Sie?

Marie (leise).

Immer.

Waldau
(küßt ihr feurig die Hand).

Commerzienräthin.

Lieber Waldau, sprechen Sie immerhin laut, es stört mich gar nicht. (Das Buch auf den Tisch legend) Ich muß dies mit Muse lesen. Ich betrachte es als eine Art Bevorzugung, daß ich das Werk vor dem anderen Publikum kennen lerne. Das Werk eines berühmten Schriftstellers. Und haben Sie auch wieder etwas Neues unter der Feder?

Waldau.

Gewiß. Es geht jetzt mit Dampf bei mir. Sie glauben gar nicht, welch eine schöpferische Kraft uns der leiseste Erfolg verleiht.

Commerzienräthin.

Der leiseste Erfolg, ich denke er soll glänzend werden. Wissen Sie, daß wir jetzt schon eine Loge für nächsten Samstag vormerken ließen, da wir erfuhren, daß der Andrang ungeheuer wird.

Marie.

Mir klopft das Herz, wenn ich an die Vorstellung denke.

Waldau.

Lassen Sie es immerhin für mich klopfen, es findet hier einen Widerhall.

Commerzienräthin.

Das war poetisch.

Waldau.

Und wahr.

Marie.

Ist Ihnen denn nicht auch bange?

Waldau.

Offen gestanden, nein. Die vielen schlechten Lustspiele, welche in letzter Zeit gegeben wurden, lassen mich hoffen, daß das Meinige freundlich aufgenommen wird; auch habe ich einer Probe angewohnt, die mich sehr befriedigt. Somit habe ich keine Idee vom Lampenfieber. (Sieht Marie zärtlich in die Augen) Ich sehe alles im rosigen Lichte.

Marie (verlegen).

Weßhalb sehen Sie mich an?

Waldau (wie oben).

Weil ich soeben bemerke, daß ich mich in Ihnen täuschte.

Marie.

In mir! In wie ferne?

Waldau (wie oben).

Ich glaubte nemlich Ihre Augen seien schwarz. Das machen die schwarzen Brauen und Wimper; aber sie sind grau.

Commerzienräthin.

Ja ganz greulich, deshalb lassen Sie Ihre Studien, Waldau.

Waldau
(ohne seine Stellung zu verändern).

Oh, aber ich studire gerne.

Commerzienräthin.

Waldau, Waldau! seien Sie vernünftig oder Sie nöthigen mich strenge zu sein.

Waldau.

Das sind Sie schon gnädige Frau, strenge und grausam, nicht wahr Marie? (Küßt ihr die Hand.)

Dritter Auftritt.

Die Vorigen. Hedwig (erscheint unter der Thüre rechts und bleibt stehen).

Marie
(erschrocken ihre Hand zurückziehend).

Hedwig!

Commerzienräthin (rasch gefaßt).

Ja wohl. Die Rollen sind in den besten Händen, ich bezweifle nicht, daß Ihr Stück gefällt.

Hedwig (für sich).

Er hat ihr die Hand geküßt, ich habe es gesehen, aber da zankt Mama nicht. Sonderbar! (Tritt vor nach der rechten Seite des Canapees.)

Commerzienräthin.

Ah! Du bist es Hedwig. (Vorstellend) Meine jüngste Tochter Hedwig. Herr Waldau.

Waldau (erhebt und verbeugt sich).

Hedwig (nicht lächelnd).

Ich kenne Herrn Waldau schon.

Waldau.

Wirklich Fräulein, ich erinnere mich nicht die Ehre gehabt zu haben.

Hedwig.

Doch, Sie haben neulich die Ehre gehabt mich beinahe umzurennen. Doch bitte, setzen Sie sich, ich erlaube es Ihnen.

Waldau (setzt sich lächelnd).

Commerzienräthin (lachend).

Du bist sehr gnädig Hedwig, (da Hedwig das Buch nimmt) und sehr neugierig.

Hedwig (lebhaft).

Oh, das ist Ihr Lustspiel, nicht wahr Herr Waldau, wovon Marie so viel spricht. Ich darf es lesen, nicht wahr Mama?

Commerzienräthin.
Ja, ja, meinetwegen nimm es mit.
Hedwig (für sich).
Sie wollen mich forthaben. (Laut) Ich kann es auch hier lesen.
Marie.
Ich glaubte Du müßtest Clavier üben.
Hedwig.
Aber Mama, das würde doch stören, wenn Besuch da.
Waldau.
Gewiß nicht, Fräulein, ich höre sehr gerne Clavier.
Hedwig.
Aber ich spiele nicht gerne. Ich lese lieber.
Commerzienräthin.
Nun, so lies, nur setze Dich ruhig nieder, Du perpetuum mobile.
Hedwig
(rückt einen Stuhl an den Tisch und schlägt das Buch auf).
Commerzienräthin (lächelnd, zu Waldau).
Es ist doch für Kinder?
Waldau
(zuckt die Achseln, gleichfalls lächelnd).
Kinder dürfen bekanntlich alles lesen, weil ihnen das Verständniß für das Unrecht fehlt, sonst dürfte mein Lustspiel wohl mehr für die reifere Jugend sein. (Da die Commerzienräthin die Hand nach dem Buche streckt) Doch lassen Sie das F r ä u l e i n ruhig lesen, es ist auch nicht Offenbach'scher oder Suppe'scher genre, der ist mir herzlich zuwider.
Commerzienräthin.
Das freut mich. Ich begreife nicht wie anständige oder junge Damen diesen Operetten Geschmack abgewinnen können.
Hedwig
(lesend, singt vor sich hin, die Melodie aus Mad. Angot).
Commerzienräthin (erstaunt).
Hedwig, was singst Du da!

Hedwig (ohne aufzusehen).

Aus Mme. Angot.

(Summt ganz leise weiter.)

Waldau (lachend).

Sie sehen, Kinder verstehen kein Unrecht und Mme. Angot ohne Text paßt für jedes Alter.

Vierter Auftritt.

Die Vorigen. Ein Briefträger. (Es klopft an die Mittelthüre.)

Hedwig (rasch aufsehend).

Herein! (Der Briefträger tritt ein) Der Briefträger! (Springt ihm entgegen, den Brief aus der Hand nehmend und betrachtend.)

Commerzienräthin.

War niemand da? Wissen Sie nicht daß der Aufgang für Sie auf der anderen Seite ist.

Briefträger.

Entschuldigen Sie, gnädige Frau, ich mache die Tour heute das Erstemal, da wußt ich's nicht.

Hedwig.

Haben Sie nichts für mich?

Briefträger.

Ich weiß nicht.

Hedwig.

Suchen Sie doch einmal. Fräulein Hedwig v. Kuhn. Sehen Sie nach, ich erwarte eine Menge Briefe aus der Pension. Da Mama. (Gibt ihrer Mama einen Brief) Es ist aber gar kein Brief, nur eine Geschäfts=Empfehlung von Ulmo, fabelhaft billig, wie immer (zu dem Briefträger, welcher in seinem Paquet sucht) Nun, nichts? Ach lassen Sie mich einmal selbst sehen.

(Sie sucht in dem Paquet, das der Briefträger hinhält).

Commerzienräthin.

Hedwig, Du hälst den Mann auf.

Hedwig.

So, da habe ich doch etwas gefunden. Einen Brief für Sie, Herr Waldau.

Waldau.

Für mich?

Briefträger.

Sind Sie Herr Waldau?

Waldau.

Der bin ich.

Briefträger.

Dann spare ich einen Gang. (Grüßt und geht ab.)

Fünfter Auftritt.

Die Vorigen (ohne Briefträger).

Hedwig
(geht langsam die Adresse lesend vor).

Herrn Hans Waldau,
 dramatischer Schriftsteller
  Hier.
(Dreht den Brief um). Großherzogliche Angelegenheit. Puh, wie das stolz klingt. Was steht wohl in dem Brief? (giebt ihn Waldau).

Commerzienräthin.

Hedwig! wie naseweis!

Hedwig.

Ist dieser Brief vom Großherzog?

Waldau.

Nein, so intim stehe ich nicht mit Sr. Hoheit.

Hedwig.

Von wem ist er denn?

Waldau.

Vermuthlich vom Herrn Intendanten.

Hedwig.

Was hat Ihnen denn der zu schreiben?

Commerzienräthin.
Hedwig!
Waldau.
Ich kann es mir selbst nicht denken.
Hedwig.
Nun, so lesen Sie doch.
Waldau.
Wenn Sie erlauben, gnädige Frau.
Commerzienräthin.
Ungenirt.
Hedwig.
Vielleicht bekommen Sie einen Orden?
Waldau (lacht).
Das ist sehr wahrscheinlich und doch handelt es sich vielleicht um eine Decoration. (Er öffnet, liest und zittert heftig. Er steht hastig auf, eilt an's Fenster und steht, halb abgewendet die Lippen aufeinder gepreßt, sichtbar bewegt).
Commerzienräthin.
Was ist es Waldau? Eine schlimme Nachricht. Ist es wegen Ihres Lustspiels?
Marie (aufstehend).
Ist es verschoben, ist jemand krank geworden. Sie sehen todtenblaß.
Commerzienräthin
(welche erregt zu Waldau getreten, ihre Hand auf seinen Arm legend).
Waldau sprechen Sie doch. Sie spannen uns auf die Folter. Was steht in diesem Brief.
Waldau.
Lesen Sie selbst. (Reicht ihr den Brief.)
Marie.
Lies laut Mama.
Commerzienräthin.
Darf ich?
Waldau.
Warum nicht, dies bleibt ja kein Geheimniß.

Commerzienräthin (liest).

Lieber Waldau! Es thut mir leid der Ueberbringer einer unangenehmen Nachricht zu sein. Ihr Lustspiel wurde, auf mir unerklärliche Weise, aus der Canzlei entwendet und dem Prinzen Leopold unterbreitet. Derselbe ist, wie Sie wissen, mit dem Hofe zu Dessau verwandt und soll geäußert haben, es sei ihm unangenehm seine Familie auf der Bühne zu sehen. Sie begreifen, daß mir diese Aeußerung genügt, das Stück vom Repertoir zu streichen. Indem ich Ihnen dasselbe wieder zur Verfügung stelle, rathe ich Ihnen Ihr Glück anderwärts zu versuchen, wo dieser Stein des Anstoßes wegfällt.

Achtungsvollst

Geheimr. v. Goeben.

(Sprechend.)

Das ist empörend!

Waldau (bitter).

Ich soll es an anderen Bühnen versuchen! Welch' vortrefflicher Rath! Nun halte ich ja wieder am Anfang meiner Carriere, darf die Sissyphus-Arbeit von neuem beginnen.

Marie.

Wer aber kann so frech sein, ein Werk aus der Kanzlei des Intendanten zu nehmen. Welch' ein Interesse kann ein gewöhnlicher Mensch dabei haben, gerade Ihr Werk zu nehmen, denn in der besseren Gesellschaft kommt das doch nicht vor.

Waldau.

Und warum nicht, wenn es sich darum handelt, mir zu schaden.

Commerzienräthin.

Haben Sie denn irgend einen Feind bei'm Theater selbst, es muß doch ein Gutgestellter sein, sonst könnte er das Stück zwar nehmen, jedoch nicht dem Prinzen unterbreiten.

Waldau.

Sie haben recht, aber ich bin mir nicht bewußt, jemand beleidigt und diese Rache hervorgerufen zu haben.

Marie.

Doch doch, Herr Waldau, jetzt fällt mir's bei. Oh ich habe Sie gewarnt. Sie haben sich durch den Tanz, welchen ich Ihnen gegeben, mit dem Oberregisseur verfeindet.

Commerzienräthin.

Das war unklug von Ihnen.

Waldau.

Unklug! Wie konnte ich daran denken und ach, der Tanz war gar so schön.

Hedwig.

Der Tanz ist auch was Schönes. Können Sie denn gar nichts dagegen thun?

Waldau.

Was, was kann ich thun? Gegen directe Grobheit gibt es Schutz; gegen directe Beleidigung Genugthuung, was aber hilft mir die moralische Ueberzeugung, die ich habe, daß Herr v. Leonroth das Stück entwendet, wenn mir die Beweise fehlen.

Commerzienräthin.

Sie müssen es nicht so schwer nehmen, Waldau, Ihr Name ist gemacht.

Waldau.

Oh ja, er ist prahlerisch in alle Welt hinaus posaunt, das Werk mit wahrer Marktschreierei angepriessen, um jetzt — vom Repertoir gestrichen zu werden.

Commerzienräthin.

Ich würde den ganzen Vorfall den Blättern übergeben.

Hedwig.

Jawohl, das würde ich auch.

Waldau.

Und den Intendanten zum Dank für sein bewiesenes Wohlwollen in Unannehmlichkeiten verwickeln, das widerstrebt mir.

Commerzienräthin.
Es ist aber schändlich, schändlich, wenn ich nur etwas für Sie thun könnte.
Waldau.
Sie sind sehr gütig, gnädige Frau, aber das können Sie nicht. Ja, wenn Sie dem Prinzen Leopold nahe stünden, wenn Sie ihm mittheilen könnten, wie er — ohne sein Wissen, das bin ich überzeugt — zu einer niedrigen Intrigue benützt wird, das ist der einzige Weg, alles Andere nützt nichts.
Marie.
Könnten Sie nicht eine Bittschrift an den Prinzen richten?
Waldau.
Eine Bettelschrift wollen Sie sagen.
Hedwig.
Ich würde mir das nicht gefallen lassen. Ich würde selbst mit Prinz Leopold sprechen und ihm sagen, wenn Ihnen mein Stück nicht gefällt, dann müssen Sie ja nicht in die Vorstellung gehen, und wenn Sie wollen, daß es aus Rücksicht für Ihre Familie nicht aufgeführt wird, dann haben Sie die Rücksicht den Autor zu zahlen. Das ist meine Meinung.
Waldau
(wider Willen lächelnd.)
Sie sind sehr gut Fräulein.
Commerzienräthin.
Du bist viel zu jung Hedwig, überhaupt eine Meinung zu äußern. Ich denke Du liest.
Hedwig.
Ich habe doch Recht, meine Meinung ist doch die richtige. (Setzt sich auf das Canapee, das Buch zu sich heranziehend und sich in dasselbe vertiefend, ohne ferner Notiz von den Anderen zu nehmen.
Commerzienräthin.
Sie dürfen deßhalb den Muth nicht verlieren Waldau. Sie haben entschiedenes Talent.

Waldau.

Nein, nein, ich habe kein Talent, wenigstens kein Talent berühmt zu werden. Marie, Ihr Vater hat recht, ich bin nur ein Schmierer, ein ganz erbärmlicher Schmierer, Makalatur-Lieferant für Krämer. Wozu denn schreibe ich eigentlich? um die Papierkörbe der Intendanzen zu füllen. Das Beste ist ich hänge die ganze Schriftstellerei an den Nagel.

Commerzienräthin.

Das beste ist Waldau, Sie alteriren sich nicht über die Geschichte. Wir ziehen morgen nach der Villa, dort ist es schön, ruhig, dort besuchen Sie uns fleißig und jetzt fahren Sie ein wenig mit uns spazieren.

Waldau.

Ich danke, gnädige Frau, Sie sind unendlich gütig, aber ich bin nicht im Stande von Ihrer Freundlichkeit Gebrauch zu machen. Erlauben Sie, daß ich Sie an den Wagen begleite und dann nach Hause gehe, um über mein freundliches Schicksal nachzudenken.

Commerzienräthin.

Wie Sie wollen, Waldau.

Marie.

Laß mich zu Hause Mama.

Commerzienräthin.

Nein Kind, Du mußt in die Luft, Du siehst blaß.

Waldau.

Ja Fräulein, Sie sind blaß. (leise) Und Ihr Auge schimmert feucht. Sie weinen eine Thräne auf das Grab meiner Hoffnungen.

Marie

(rasch mit der Hand über die Augen fahrend, leise).

Ich habe die Hoffnung noch nicht begraben.

Commerzienräthin.

Bitte gehen Sie voraus, ich folge sogleich.

(Marie. Waldau durch die Mittelthüre ab.)

Sechster Auftritt.

Commerzienräthin. Hedwig, eifrig lesend und dabei lächelnd.

Commerzienräthin.

Ich muß Dir gestehen gestehen Hedwig, daß ich sehr unzufrieden mit Dir bin. Statt bescheiden zu sein, wie es sich für Dein Alter geziemt, mengst Du Dich in jede Conversation. Hörst Du mich?

Hedwig
(den Ellbogen auf den Tisch gestemmt, ohne aufzusehen).
Ja Mama.

Commerzienräthin.

Das Benehmen des Mannes richtet sich nach dem des Mädchens, und da Du so frei bist, ist es fein Wunder, wenn sich Andere Freiheiten erlauben,

Hedwig.
Ja Mama.

Commerzienräthin.

Du wirst gut thun, Dir auf die kecke Courmacherei des Baron von Rotteck nichts einzubilden, verstehst Du mich?

Hedwig.
Ja Mama.

Commerzienräthin.

Ich denke zwar X Baron Rotteck wird nach meinem letzten Empfange keinen weiteren Besuch wagen, da ich jedoch die Dienerschaft nicht dahin instruiren kann, so untersage ich Dir hiermit strengstens den Baron zu empfangen, wenn er sich melden läßt.

Hedwig.
Ja Mama.
(Commerzienräthin durch die Mittelthüre ab.)

Siebenter Auftritt.

Hedwig (allein).

Hedwig
(legt sich bequem der Länge nach auf dem Canapee zurecht, das Buch haltend).
Ja Mama! Ah! nun bin ich Herr im Hause. Ganz allein. Jetzt kann ich mit Genuß lesen. Ich habe eigentlich kein Wort gehört was Mama sagte, als daß ich den Baron abweisen soll, wenn er sich melden läßt. Ich wollte er käme, aber dazu ist leider keine Aussicht. (Sich bequem zurecht rückend.) Das Buch ist reizend, zum Todtlachen. Ich kann es mir so gut vorstellen, Heuser als Leopold von Dessau. Die Wallner als Herzogin! Ich bin neugierig wie es ausgeht. Soll ich nach dem Ende sehen. Nein, ich will heroisch sein.
(Liest und lacht laut hinaus.)

Achter Auftritt.

Hedwig. Rotteck.

Rotteck (unter der Mittelthüre, für sich).
Der Drache ist in die Luft gefahren und die schöne Kleine allein zu Hause. Da ist sie! Reizendes Geschöpf!

Hedwig
(lacht anhaltend und läßt das Buch, welches sie in die Höhe gehalten, sinken, wodurch sie Rotteck sieht. Das Buch fällt zu Boden, sie steht erschrocken auf.)
Um Gottes Willen, wie kommen Sie hier herein?

Rotteck (eintretend).
Zu Fuße Fräulein. Sie glauben doch nicht, daß ich hier herauf geritten?

Hedwig.
Mama und Maria sind nicht zu Hause.

Rotteck.
Das weiß ich Fräulein, ich sah sie wegfahren.

Hedwig.

Und kamen doch? Also gilt Ihr Besuch mir?

Rotteck.

Natürlich.

Hedwig.

Oh das ist zu nett von Ihnen, aber — Mama sagte eigentlich, ich solle Sie abweisen, wenn Sie sich melden lassen.

Rotteck (lacht).

Sehen Sie wie klug es war, daß ich mich nicht melden ließ. Aber haben Sie vielleicht Befehl mich hinaus zu werfen?

Hedwig.

Wo denken Sie hin.

Rotteck.

Oder ist Ihnen selbst mein Besuch vielleicht unangenehm? Dann natürlich entferne ich mich sogleich.

Hedwig.

Nein nein, mir ist es im Gegentheil sehr angenehm, daß Sie gekommen sind, es ist ja reizend, jetzt gerade, da ich so schön allein bin.

Rotteck.

Wohlan, dann bin ich so frei und lasse mich nieder. Bitte Fräulein, nehmen Sie Platz, thun Sie als wenn Sie zu Hause wären. (Hedwig setzt sich auf das Canapee, Rotteck auf den Stuhl links von ihr, den Helm unter seinen Stuhl stellend). Und nun sagen Sie Fräulein, war es Ihnen denn neulich gar nicht möglich bälder zu erscheinen?

Hedwig (schüttelt verneinend).

Ich durfte nicht, aber dafür habe ich, um mich Ihnen bemerkbar zu machen, Klavier-gespielt. Haben Sie das nicht gehört?

Rotteck.

Gewiß, mit Entzücken. Also haben doch Sie die reizende Galoppade gespielt?

Hedwig.

Natürlich, es war der Galopp, den — den

Rotteck.
Den wir zusammen getanzt. Ich werde es niemals vergessen.
Hedwig.
Ich auch nicht, denn ich bin entsetzlich Ihrethalben gezankt worden.
Rotteck.
Wirklich? Das thut mir leid.
Hedwig.
Ja wohl, ich werde immer Ihretwegen gezankt. Auch neulich wieder.
Rotteck.
Als ich meinen Handschuh holte? (Hedwig schüttelt bejahend). Wissen Sie auch, daß ich ihn absichtlich vergaß, weil ich nicht fort wollte, ohne Sie gesehen zu haben.
Hedwig (in die Hände klatschend).
Das war gescheidt von Ihnen und ich bin auch nur an das Fenster gelaufen, um — (mit verlegenem Lachen) nach Mama zu sehen — und als ich mich umdrehte standen Sie da.
Rotteck.
Und das war Ihnen unangenehm?
Hedwig.
Nein, aber ich erschrak entsetzlich. Sie haben überhaupt ein wahres Talent mich zu erschrecken.
Rotteck.
Das ist Ihre Schuld Fräulein, weil Sie nie an mich denken. Wenn uns ein Gegenstand beschäftigt, dann ist er uns so gegenwärtig, daß sein plötzliches Erscheinen uns gar nicht überrascht.
Hedwig.
Ja! wenn es darauf ankäme, dann —
(bricht verlegen ab.)
Rotteck.
Was wäre dann?
Hedwig (verlegen).
Ich habe mein Buch fallen lassen.

Rotteck.
Hier! (Für sich) Reizendes Kind, wie verlegen sie ist. (Laut). Was haben Sie denn Schönes gelesen?

Hedwig (gibt verlegen und schweigend das Buch).

Rotteck (schlägt es auf).
„Am Hofe zu Dessau." Ah das Lustspiel, welches wir nächsten Samstag zu sehen bekommen.

Hedwig.
Nicht zu sehen bekommen, wollen Sie sagen.

Rotteck.
Nicht?

Hedwig.
Nein, nicht! Denken Sie nur wie schändlich! Waldau war vorhin da, er ist ganz außer sich, und Ihr Prinz Leopold ist an allem Schuld.

Rotteck.
Prinz Leopold?

Hedwig (lebhaft).
Ja, ja. Er soll sich geäußert haben. — Ah, da kommt mir ein herrlicher, ein wunderbarer Gedanke! Sie stehen dem Prinzen nahe, Sie sehen ihn täglich? Nicht wahr?

Rotteck (befremdet).
Beinahe täglich.

Hedwig.
Und Sie können so ungenirt mit ihm sprechen wie mit mir?

Rotteck.
Nicht ganz so, aber er ist sehr liebenswürdig.

Hedwig
Das ist er nicht, Ihr Prinz Leopold!

Rotteck.
Fräulein!

Hedwig.
Nein, er ist es nicht. Aber wollen Sie mir einen recht großen, großen Dienst erweisen?

Rotteck.

Verfügen Sie über mich. Ich schätze mich glücklich, Ihnen dienen zu dürfen.

Hedwig

Versprechen Sie, daß Sie thun wollen, um was ich Sie bitte?

Rotteck

Ich verspreche es feierlichst.

Hedwig.

Geben Sie mir die Hand darauf.

Rotteck.

Mit Freuden. (Schlägt in ihre dargebotene Hand, sie fest haltend) So, nun was ist es?

Hedwig.

Eine ganz lange Geschichte, die Sie ruhig mit an= hören müssen.

Rotteck.

Gerne, wenn ich Sie dabei ansehen darf.

Hedwig (ihre Hand zurückziehend).

Nein, das genirt mich; aber hören Sie zu. Sie sollen dem Prinzen Leopold eine abscheuliche Intrigue mittheilen, zu welcher man ihn benutzt.

Rotteck.

Fräulein, mein Prinz läßt sich zu keiner Intrigue herbei.

Hedwig (rasch).

Es ist aber doch so. — Nicht ansehen. — Der Inten= dant schrieb an Herrn Waldau, das Lustspiel sei aus seiner Kanzlei gestohlen und dem Prinzen vorgelegt worden. Der Prinz, statt den Dieb zu bestrafen, sagte, das Stück dürfe nicht gegeben werden. — Wegsehen! — Wenn Ihrem Prinzen Leopold das Stück nicht angenehm ist, so soll er zu Hause bleiben, und wenn er nicht will, daß es auf= geführt wird, so soll er den Autor zahlen. Das sollen Sie Ihrem Prinzen sagen.

Rotteck (lachend).

So kameradschaftlich stehe ich nicht mit ihm. Diesen Auftrag kann ich nicht übernehmen.

Hedwig (schmollend).

Ah! Herr Baron, so halten Sie Ihr Wort. Das ist sehr schön.

Rotteck.

Zürnen Sie nicht, bitte, ich will überlegen was ich thun kann, doch vorher gestatten Sie mir eine Frage. Interessiren Sie sich für Waldau?

Hedwig.

Ja, sehr, ich würde mich glücklich schätzen ihm zu nützen.

Rotteck (steif).

So. Nun, Fräulein, dann bedaure ich Ihnen nicht dienen zu können, ich thue in dieser Angelegenheit gar nichts.

Hedwig.

Schämen Sie sich, Herr Baron. Ich bin nur ein Mädchen, aber wenn ich etwas verspreche, dann halte ich es auch.

Rotteck.

(an seinem Schnurrbart drehend, mürrisch).

Ich gebe mich nicht dazu her, für meinen Nebenbuhler zu sollicitiren.

Hedwig (lacht).

Nebenbuhler! glauben Sie etwa ich bin verliebt in Waldau?

Rotteck (wie oben).

Sie sagten, Sie interessiren sich für ihn.

Hedwig.

Natürlich weil — Kommen Sie her!

Rotteck.

Nein!

Hedwig.

Dann komme ich zu Ihnen. (Zutraulich näher rückend) Ich will es Ihnen im Vertrauen sagen, aber Sie dürfen es keinem Menschen erzählen. Ihr Wort darauf?

Mein Wort.

Rotteck (finster).

Hedwig (geheimnißvoll).

Ich interessire mich für ihn, weil er meine Schwester Marie liebt und Sie ihn. Aber Sie sagen es niemand, geben Sie die Hand darauf.

Rotteck (jubelnd einschlagend und ihre Hand küssend).

Hier, hier. Sie ahnen nicht, wie glücklich Sie mich machen. Ich will alles thun, was Sie verlangen. Also Waldau liebt Ihre Schwester und sie liebt ihn?

Hedwig (ihm die Hand auf den Mund legend).

St. — Still. Es hat mir's ja gar niemand gesagt, aber das merkt man gleich. Als Waldau heute so betrübt war, that er mir recht leid, doch geweint hab ich nicht wie Marie und angesehen hat er mich auch nicht wie er Marie ansieht. Als er sagte, ja, wenn Sie dem Prinzen nahe stünden, könnten Sie mir nützen, da dachte ich noch gar nicht an Sie, erst als ich Sie sah, kam mir der gute Gedanke. Sie halten Ihr Versprechen und sprechen mit dem Prinzen?

Rotteck.

Ich werde mich dieser Sache mit Wärme annehmen.

Hedwig.

Sie dürfen Sich nicht vor mir sehen lassen, ehe Sie mir eine entscheidende Antwort bringen.

Rotteck.

So grausam können Sie sein.

Hedwig

Ich thue es ja nur, weil ich weiß, daß Sie dann rascher handeln.

Rotteck.

Das ist gewiß, Fräulein. Ich wage mich erst wieder vor Ihr Antlitz, wenn ich ein Resultat zu melden habe. Wie aber soll ich es Ihnen melden, da ich mich nicht melden lassen darf.

Hedwig.

Ja wie? (Besinnt sich) Wir ziehen morgen nach der Villa. Da bin ich viel weniger beaufsichtigt. Ich habe die Gewohnheit jeden Nachmittag von fünf bis sechs Uhr im Park spazieren zu gehen, da ist es nehmlich am kühlsten, und bei dem Thürchen, welches nach dem Walde führt, am schönsten.

Rotteck.

Ah! ich verstehe.

Hedwig.

Aber Sie müssen nichts Schlimmes von mir denken. Mama zwingt mich hinterlistig zu sein, weil sie so ungerecht. Mir macht sie ein Verbrechen daraus, daß ich neulich mit Ihnen tanzte und es war doch so nett.

Rotteck.

Reizend.

Hedwig.

Mit Maria aber zankt sie gar nicht, obgleich ich dazu kam, als ihr Waldau die Hand küßte, und das ist doch noch viel ärger.

Rotteck (ihre Hand fassend und wiederholt küssend).

Aber auch so nett. Ich sehe nicht ein, weßhalb Sie sich nicht ebenso wohl die Hand küssen lassen dürfen wie Fräulein Maria. Diese liebe — kleine — reizende Hand!

Neunter Auftritt.

Die Vorigen. Commerzienräthin, Marie (unter Mittelthür).

Commerzienräthin.

Herr Baron!

Rotteck.

(springt rasch auf, auch Hedwig erhebt sich verlegen lächelnd.)

Ich wollte mir erlauben —

Commerzienräthin.

Was denn?

Rotteck.

Ihnen Karten zum nächsten Offiziers-Picknick anzubieten. (Sucht in seiner Rocktasche.)

Commerzienräthin
(geht schweigend mit strengem Blick vor).

Offiziers-Picknick?

Rotteck.

Jawohl!

Der Vorhang fällt rasch.

Fünfter Akt.

Elegante Garten-Anlagen mit Statuen und Gebüschen. Rechts eine Rasenbank.

Erster Auftritt.

Hedwig

(aus der zweiten Coulisse links, ihren Strohhut in der Hand schwingend.)

Er ist wieder nicht gekommen. Seit 5 Uhr stehe ich an der Gartenthüre und warte. Vergeblich! (Mit dem Fuße stampfend.) Es ist schändlich, schändlich! Das hätte ich nie von ihm geglaubt. Vier Wochen sind wir hier auf der Villa, täglich habe ich ihn erwartet, und er kommt nicht. Er weiß vielleicht gar nicht mehr, daß ich existire, was er mir versprochen — (eine ärgerliche Bewegung mit dem Kopfe machend.) Oh! die ekligen Fliegen! Und die Sonne brennt so heiß — und das Chemisette ist so steif gestärkt, daß es kratzt und sticht und — und (weinerlich) meine Zöpfe bleiben immer hängen. Alles geht mir quer. Ich bin so verdrießlich! (sinkt auf die Rasenbank.) Ich wollte, ich wäre gestorben, ehe ich geboren war. (Kurze Pause.) Es ist wahr, Mama war sehr unhöflich gegen ihn. Sie hat ihm eigentlich das Haus verboten, aber das ist nicht meine Schuld, deshalb mußte er sein Versprechen doch halten. Mama sagt, er mache sich lustig über mich. Das ist wohl möglich. Vielleicht spottet er meiner bei den koquetten Hofdamen über den dummen Backfisch. Oh, ich bin jetzt schon um vier Wochen älter. Ich habe Erfah=

rung, bittre Erfahrung. Die Männer sind alle falsch und leichtsinnig, wie Mama sagt. Die Leichtsinnigsten, das sind die Offiziere und die Adjutanten sind noch leichtsinniger. Ich will gar nicht mehr an ihn denken. Ich will die Augen schließen! (schließt die Augen, nach kurzer Pause) Es nützt nichts, das ist noch schlimmer. Wenn ich die Augen schließe, dann seh ich ihn erst recht. Ach, und er ist so schön, so schön und lieb — (zornig mit den Füßen stampfend) und so schlecht und so falsch und — ich bin so unglücklich! (Verhüllt ihr Gesicht, heftig weinend.)

Zweiter Auftritt.

Vorige. Rotteck (aus der zweiten Coulisse links).

Rotteck (suchend).

Sie hat mich nicht erwartet. Wenn ich nur dem Drachen nicht in die Hände laufe. Wo soll ich jetzt die Kleine finden? Ah! da ist sie. Fräulein Hedwig! was ist das? Sie weinen! Wer hat Ihnen etwas zu Leid gethan? Wer?

Hedwig
(rasch aufspringend und die Thränen hastig abwischend).

Nun sind Sie ja doch gekommen. Das ist schön von Ihnen, ich dachte, Sie hätten mich vergessen.

Rotteck.

Fräulein, dieser Gedanke ist beleidigend. Sie wissen, daß dies unmöglich. Aber sagen Sie, weshalb Sie weinten?

Hedwig.

Ich — ich weinte nicht — es ist mir nur etwas in's Aug' geflogen.

Rotteck.

In's Aug' geflogen, soll ich es Ihnen herausnehmen?

Hedwig.

Nein, nein. Lassen Sie's d'rin. Es ist schon vorbei. Weshalb haben Sie sich so lange nicht sehen lassen?

Rotteck.

Weshalb zwangen Sie mich, bis in's feindliche Lager vorzudringen, weshalb waren Sie nicht am Gartenpförtchen, wie Sie versprochen hatten?

Hedwig (schmollend).

Ihnen ziemt es auch, mir Vorwürfe zu machen. Vier Wochen lang ließen Sie sich Zeit, vier Wochen lang habe ich täglich an dem Gartenpförtchen gewartet.

Rotteck.

Haben Sie wirklich?

Hedwig.

Ja, ich habe. Ich halte mein Versprechen. Sogar bei schlechtem Wetter bin ich hier auf= und abgegangen. Ich habe mir Ihretwegen einen Schnupfen geholt — und einen Husten, — da, ich huste noch. (Hustet gezwungen.) Ich bin Ihretwegen gezankt worden. Ich habe Ihret= wegen geweint, eben jetzt, als Sie kamen, weil Sie nicht kamen.

Rotteck.

Ach, du lieber Gott, das thut mir entsetzlich leid, aber Sie hatten mir ja verboten zu kommen, ehe ich etwas Entschiedenes weiß.

Hedwig.

Das hätten Sie nicht so ernst nehmen müssen. Sie hätten jedenfalls kommen und mir sagen —

Rotteck (lächelnd).

Was denn?

Hedwig

(sieht verlegen zu Boden, den Hut an den Bändern herumschwingend).

Rotteck.

Daß Sie ein reizendes, liebenswürdiges Kind sind?

Hedwig (w. o.)

Das habe ich nicht gemeint. Bitte, sehen Sie mich nicht so dumm an!

Rotteck.

Dumm?

Hedwig.

Ich meine sonderbar, es macht mir ganz heiß. Haben Sie — was hat denn Prinz Leopold gesagt?

Rotteck
(welcher sie zärtlich angesehen).

Ja so, mein Bericht. Ich habe viel für ihren Schütz=ling gethan, sogar etwas Unerlaubtes, wovon ich aber großen Erfolg hoffe.

Hedwig.

Etwas Unerlaubtes, das thun Sie überhaupt gern. Doch was ist es?

Rotteck.

Das muß noch Geheimniß bleiben, aber ich habe eine frohe Botschaft.

Hedwig.

Haben Sie! Heraus damit. Was hat Prinz Leo=pold gesagt? Hat er das Stück gelesen, gefällt es ihm? Erlaubt er, daß es aufgeführt wird?

Rotteck.

Der Prinz ist entrüstet, daß man ihn zu einer nie=drigen Intrigue benützt. Er hatte keine Ahnung, daß es einen Hans Waldau giebt und daß dieser ein Lustspiel geschrieben.

Hedwig.

Ja, aber der Intendant schrieb doch —

Rotteck.

Ich denke mir, der Intendant ist selber düpirt worden.

Hedwig.

Nun, und weiter?

Rotteck.

Ich habe Sr. Hoheit soviel von dem Stücke gesprochen, habe so warm für Waldau plaidirt, eine Wärme, die er Ihnen, Fräulein, zu verdanken hat, daß Dieselben das Lustspiel von der Intendanz holen ließen und lasen.

Hedwig.
Und dazu hat er so lange Zeit gebraucht, das hätte auch rascher gehen können, solch' ein Prinz hat doch gar nichts zu thun.
Rotteck.
Meinen Sie? Sie sind reizend.
Hedwig.
Nun, und was jetzt?
Rotteck.
Der Herr Oberregisseur hat eine riesige Nase bekommen —
Hedwig.
Das ist schön, das freut mich; weiter?
Rotteck.
Der Herr Intendant die Weisung, das Lustspiel in möglichster Bälde aufzuführen.
Hedwig (jubelnd.)
Das ist entzückend, reizend. Ich freue mich, ich freue mich!
Rotteck.
Nächsten Samstag schon wird das Lustspiel gegeben, hat mich so eben der Herr Geheimrath Sr. Hoheit zu melden.
Hedwig (jubelnd).
Nächsten Samstag schon! Das ist himmlisch! Das muß ich gleich Marien- und Mama sagen (will fort).
Rotteck (sie an der Hand zurückhaltend).
Fräulein Hedwig! ist das aller Dank, den Sie für Ihren Ritter haben?
Hedwig (ihm auch die andere Hand reichend).
Ach, es ist wahr. Ich danke Ihnen viel, viel, viel tausend Mal!
Rotteck.
Und das ist Alles?
Hedwig.
Ja, was wollen Sie denn noch?

Rotteck.

Glauben Sie wirklich, daß ich mich damit begnüge?

Hedwig.

Aber ich kann doch nicht mehr thun als mich bedanken und sagen, daß ich mich freue.

Rotteck.

Nicht? Und wenn Ihnen Ihre Mama oder Fräulein Marie eine Freude macht, was thun sie dann?

Hedwig
(die eine Hand in der Rotteck's, zwirbelt mit der anderen den Hut im Kreis, ohne aufzusehen).

Rotteck.

Nun! sagen dürfen Sie es doch. Nichtwahr? Sie fallen ihnen um den Hals und küssen sie.

Hedwig (nickt).

Rotteck.

Und weshalb wollen Sie es mit mir nicht eben so machen?

Hedwig (ihre Hand losreißend, zornig).

Sie halten mich für ein Kind; aber ein so kleines Kind bin ich doch nicht mehr, daß ich mich von dem Ersten Besten küssen lasse.

Rotteck (lächelnd).

Den Ersten müssen Sie doch einmal küssen und der Beste bin ich.

Hedwig.

Nein, das sind Sie nicht. Sie sind falsch und bös und dreist. Sie würden sich nicht erlauben zu einer Dame, die Sie achten, so zu sprechen. Sie haben keinen Respekt vor mir.

Rotteck
(beißt sich auf die Lippen, das Lachen zu verbergen).

Hedwig.

Oh, lachen Sie nur lieber gerade heraus, das ist viel schöner. Ich weiß ja doch, daß Sie meiner nur spotten und mit mir spielen.

Rotteck.

Hedwig! können Sie denn nicht lesen?

Hedwig.

Ich denke, doch.

Rotteck.

Nun, so sehen Sie mir doch in die Augen, Kind, und sagen Sie, steht es da nicht deutlich geschrieben, daß ich Sie liebe, unbeschreiblich liebe. Glauben Sie mir, Hedwig? (Hedwig schüttelt den Kopf.) Nicht? und weshalb?

Hedwig.

Weil es unglaublich ist. Was kann Ihnen an mir gefallen, der Sie gewohnt sind, mit Damen vom Hofe, Damen von Welt zu verkehren?

Rotteck.

Gerade deshalb bin ich so entzückt von Ihnen, kleines Mädchen. (Ihre beiden Hände fassend, ernst) Sehen Sie, ich würde mir kein Gewissen daraus machen mit einer Dame von Welt eine Komödie aufzuführen, ich habe es auch schon gethan; aber ich würde mich selbst verachten, wenn ich mit Ihnen, Hedwig, die Sie mich mit diesen lieben Kinderaugen ansehen, spielen wollte. Und nun, sagen Sie, daß Sie an meine Liebe glauben, sagen Sie, daß Sie sie erwidern, (sie zärtlich an sich ziehend) daß Sie mein herziges, reizendes, kleines Weibchen werden wollen!

Hedwig (sich an ihn schmiegend).

Ich kann ja noch gar nicht heirathen.

Rotteck (lachend).

Weshalb nicht?

Hedwig.

Ich kann noch gar nicht kochen.

Rotteck.

Dann nehmen wir eine Köchin.

Hedwig.

Ich kann auch nicht Kleider nähen.

Rotteck.

Dann nehmen wir eine Näherin.

Hedwig.
Und ich bin noch niemals in Gesellschaft gewesen.
Rotteck.
Dann gehen wir zusammen. Sonst noch Einwendungen? Nicht? nun, dann will ich meinen Dank.
Hedwig
(reicht ihm unschuldig den Mund).
Rotteck (sie stürmisch küssend).
Mein herziger, lieber Schatz, wie mache ich es nur, daß ich Dich nicht aus Liebe erdrücke.
Hedwig (sich loswindend).
Nicht so, Herr von Rotteck, Sie erdrücken mich wirklich.
Rotteck.
„Sie?" Sagt man „Sie" zu seinem Schatz, zu seinem zukünftigen Mann? Wie heiße ich?
Hedwig (verlegen).
Herr Baron von Rotteck.
Rotteck (lachend).
Auf Rottmannsdorf. Willst Du mich immer so nennen? Das verbitte ich mir, ich heiße Paul Alexander. Nun wähle — also wie heiße ich?
Hedwig (wie oben).
Paul.
Rotteck.
Bravo! Und nun sage einmal: „Paul, ich liebe Dich." Kommt es Dir so schwer an „Du" zu mir zu sagen? Mir wird es so leicht.
Hedwig (scheu und schelmisch.)
Das glaube ich wohl, ich habe aber auch keinen so großen Schnurrbart wie Sie.
Rotteck (lachend).
Gott sei Dank, nein. Uebrigens, solch' einen ganz kleinen piquanten Flaum sehe ich hier, auf diesem reizenden Mündchen; das kann mit der Zeit einen stattlichen Schnurrbart geben.

Hedwig (ihm auf die Hand schlagend).
Du bist ein unverschämter Mensch!

Rotteck.
„Du"? Du hast „Du" gesagt, nun nenne mich, wie Du willst. Jetzt aber will ich mit Deinen Eltern sprechen und vorher — vorher noch einen Kuß, von dem Niemand was weiß, Du reizendes, kleines Kind.
(Küßt sie wiederholt.)

Dritter Auftritt.

Vorige. Commerzienrath, Commerzienräthin (aus der zweiten Coulisse rechts kommend, bleiben erstarrt stehen).

Commerzienräthin.
Aber Hedwig!   } (Zugleich.)
Commerzienrath.
Aber Herr Rittmeister!

Commerzienrath (zornig).
Mit Dir Hedwig, spreche ich noch. Sie Herr Rittmeister aber muß ich um eine Erklärung bitten.

Rotteck.
Zürnen Sie nicht, Herr Commerzienrath, ich wünsche nichts sehnlicher als Ihnen eine Erklärung zu geben und hätte Sie zu diesem Zwecke sogleich aufgesucht. Darf ich hoffen, Herr Commerzienrath, daß Sie mir diese liebe kleine Hand, die ich da halte, lassen?

Commerzienrath.
Herr Rittmeister, Sie überraschen mich. Sie überraschen mich angenehm. (Ihm die Hand schüttelnd). Ich begrüße Sie gerne als Sohn.

Rotteck.
Herr Commerzienrath, Sie machen mich überglücklich. Ich möchte die ganze Welt umarmen.

Hedwig.
Das verbitte ich mir aber.

Rotteck (leise jubelnd).

Wozu? Du bist ja meine ganze Welt. (Laut) Aber Sie, gnädige Frau, Sie heißen mich nicht willkommen?

Commerzienräthin.

Zum Mindesten kann ich mich nicht freuen, Herr von Rotteck, kann nicht, wie mein Mann, so unüberlegt, so unbedingt meine Zustimmung geben.

Commerzienrath.

Und was hast Du einzuwenden?

Commerzienräthin.

Hedwig ist noch viel zu jung.

Commerzienrath.

Das ist ein Fehler, den sie bald ablegen wird.

Commerzienräthin.

Es ist nicht das allein. Es thut mir weh, daß dieses Kind sich vor unserer älteren Tochter Marie verloben soll.

Commerzienrath.

Das ist schon oft da gewesen.

Commerzienräthin.

Mag sein, so hat es gewiß immer Mutter und Schwester schmerzlich berührt.

Hedwig.

Aber dem kann ja ganz gut abgeholfen werden, Ihr dürft nur Maria und Waldau —

Commerzienräthin (verweisend einfallend).

Hedwig! wie indiscret!

Hedwig.

Oh, vor Herrn von Rotteck —

Rotteck (droht lächelnd).

Hedwig (sich verbessernd).

Vor Paul brauchen wir kein Geheimniß mehr zu haben. (Sich kindlich in ihn einhängend.) Der gehört jetzt zur Familie und er hat sich auch so viel Mühe gegeben — Mama, er hat ja Waldau's Stück dem Prinzen Leopold vorgelegt —

※

7

Commerzienräthin.

~~Wirklich?~~ Jetzt ~~Rotteck~~, thue ich Ihnen Abbitte. Sie sind besser als Ihr Ruf. (Reicht Rotteck die Hand, die dieser küßt.) Jetzt heiße auch ich Sie als Sohn willkommen, und nun helfen Sie mir den Eigensinn dieses Mannes brechen.

Commerzienrath.

Eigensinn? Du willst sagen Vernunft.

Rotteck.

Ich kenne Herrn Waldau zwar nicht näher, aber wie ich höre, ist er allgemein geachtet.

Commerzienräthin.

Er ist ein gediegener Charakter.

Commerzienrath.

Von der Gediegenheit kann man nicht leben. Wenn sich Maria darauf capricirt, diesen Waldau zu heiraten, so soll sie warten, bis der Mensch etwas Rechtes ist.

Hedwig.

Bist Du denn gleich Commerzienrath gewesen, Papa?

Commerzienrath.

Nein, Fräulein Naseweis, allein ich habe auch nicht an's Heirathen gedacht, bevor ich eine Existenz gegründet. So soll er es auch machen. Er soll warten, bis sein Geschäft blüht.

Commerzienräthin.

~~Das ist also wirklich wahr? Wie mich das freut.~~ Nun siehst Du wohl Joseph, nun blüht ja sein Geschäft. Das Stück wird gegeben, es gefällt, sein Glück ist gemacht.

Commeerzienrath.

Sein Glück? Glaube mir, ein Mensch und Dichter, dessen Werk 4 Jahre auf der Theaterkanzlei liegt, im 5. angenommen und dann doch nicht gegeben wird, dieser Mensch ist ein solch' gezeichneter Pechvogel, daß ich ihn nicht in meine Familie will.

Vierter Auftritt.

Die Vorigen. Maria, Waldau (sind bei den Worten des Commerzienrathes: „ein Mensch und Dichter" hinter den Anwesenden aus der 2. Coulisse getreten.)

Waldau (vortretend).

Sie haben Recht, Herr Commerzienrath. (Alle stehen betreten.) Ich fühle, daß es meine Pflicht ist, Ihrem Wunsche nachzukommen und mich aus Ihrer Familie zurückzuziehen. Ich bin ein gezeichneter Pechvogel. Leben Sie wohl, Maria!

Commerzienräthin.

Waldau!

Maria (bittend).

So dürfen Sie nicht gehen, so nicht.

Commerzienrath (verlegen).

Ich wollte Sie nicht beleidigen, Waldau.

Fünfter Auftritt.

Vorige. Joseph.

Joseph.

(übergibt Hedwig einen Brief mit ein paar leisen Worten und geht wieder ab).

Waldau (verbeugt sich.)

Ich hoffe es. Ich danke Ihnen Herr Commerzienrath und Ihnen gnädige Frau für Ihre Freundlichkeit, auch Ihnen — Fräulein Maria — vergessen Sie mich — (drückt Maria, welche leise weint, die Hand) Leben Sie wohl. (Wendet sich zum Gehen.)

Hedwig.

Herr Waldau! Hier ist ein Brief, den ein Mädchen aus der Stadt für Sie brachte, weil Sie dachte, es habe Eile. Ein Expreßbrief! (acht langsam, laut lesend vor.) „Herrn Hans Waldau, dramatischer Dichter. — Hoftheater Wien".

Waldau (nimmt den Brief matt und gleichgültig).

Aus Wien? Was mag das sein?

Rotteck (lebhaft).

So öffnen Sie doch, Waldau, öffnen Sie. Der Brief bringt vielleicht eine frohe Botschaft, ich weiß es.

Waldau (melancholisch lächelnd).

Eine frohe Botschaft für den gezeichneten Pechvogel? Kaum glaublich!

Rotteck.

Und doch, Ihr Lustspiel ist vielleicht gekrönt worden, öffnen Sie doch.

Waldau.

Unmöglich, ich habe es gar nicht eingesandt.

Rotteck.

Aber ich habe mir die Freiheit genommen, Herr Waldau.

Hedwig (schreit).

Rotteck (zu Hedwig).

Deshalb hat es so lange gedauert. Ich ließ mir rasch, ehe ich es Sr. Hoheit vorlegte, eine Abschrift machen, welche ich glücklich noch vor dem letzten Termine absandte. Mit dem Motto:

„Ein Original und zwei Mal doch gestohlen,
Sei es der Jury bestens anempfohlen."

Hedwig.

Bravo, Paul — jetzt ist er auch ein Dichter!

Rotteck (lacht).

Entschuldigen Sie die Keckheit und den schlechten Vers, aber ich kann's nicht besser und es hat ja doch vielleicht genützt. Sehen Sie nur, oder lassen Sie mich sehen.

Hedwig (nimmt Waldau den Brief weg).

Nein Ach, lassen Sie mich lesen! (liest.) „Am Hofe zu Dessau," geehrter Herr, „ist von der Hoftheater-Intendanz prämiirt. Der erste Preis mit 100 Dukaten, sowie die Medaille für Kunst und Wissenschaft sind Ihnen zuerkannt." (gibt dem Commerzienrath den Brief und schüttelt Waldau die Hand.) Da lies doch Papa. Meinen Glückwunsch, (leise) Schwager.

Waldau.
Ich bin ganz betäubt, dieses unverhoffte Glück. Und das Alles haben Sie für mich gethan, Herr von Rotteck?
Rotteck.
Nein Waldau, um ehrlich zu sein, es geschah für meine kleine Braut.
Hedwig.
Hört! Hört!
Maria.
Braut? Du Hedwig? (küßt ihre Schwester.)
Rotteck.
Ja, meine Braut. Und nun verlange ich Tantième, Hedwig! (küßt sie stürmisch).
Commerzienräthin (Waldau die Hand schüttelnd).
Jetzt Waldau, haben Sie den Pechvogel gründlich widerlegt, jetzt sind Sie ein gemachter Mann und der eigensinnige Alte hat keine Ausrede mehr.
Commerzienrath.
Nein ich habe keine mehr. Eine Medaille! Jetzt sind Sie, auch nach meiner Ansicht, ein gemachter Mann. Die Jury in Wien hat Ihnen die Medaille verliehen, (Maria bei der Hand nehmend, führt sie Waldau zu) da haben Sie noch das Hauskreuz dazu.
Waldau (Maria an sich ziehend, jubelnd).
Maria! meine Maria! welche Fügung! Durch die Großherzogliche Intendanz habe ich Dich kennen gelernt, durch die Kaiserliche errungen. „Alles durch die Intendanz!
Alle.
Alles durch die Intendanz.

Der Vorhang fällt.

Ende.